MIRTA KUPFERMINC

WANDERINGS

1999 / 2009

HEBREW UNION COLLEGE – JEWISH INSTITUTE OF RELIGION

היברו יוניון קולג׳ - מכון למדעי היהדות

New York
September 8, 2009- July 2, 2010

To my parents, Agi and Aron.
M.K.

Photo: M.E. Solis

The legacy of loss and longing

Primo Levi once wrote that "reason, art, and poetry are no help in deciphering a place from which they have been banished." Today, as the generation of survivor witnesses is dwindling, the magnitude of the Holocaust continues to defy human imagination. And yet, there is an ever growing compulsion to chronicle the destruction of European Jewry through art, literature, and film. Each effort is an attempt to bear witness to the witnesses, to add a link to the vital chain of memory, so that the ultimate consequences of inhumanity during the Shoah will continue to be commemorated.

Mirta Kupferminc is both a leading artist and a member of the 'second generation' – the generation of offspring of survivors who were born after the Holocaust. Her identity and creativity are infused with the emotional and intellectual understanding that are unique to those whose lives have been nurtured in the shadow of trauma, loss, dislocation, and the miraculous spirit of rebirth. Her artistic themes of exodus, legacy, memory, and continuity are rooted in her parents' history and as an active participant in their reconstruction of family in a new land and culture far removed from their European origins.

Kupferminc's mother, Agnes Mandl Mèrö, was born in Sárosd, Hungary, and was taken prisoner on March 20, 1944, the day after the Germans entered Hungary. After some days as a prisoner in Budapest, she was deported to Auschwitz. In despair that they could not rescue their two children, Agnes's parents committed suicide on July 1, 1944 in the ghetto of Sarbogard, Hungary. Agnes searched for their graves for over sixty years, finally discovering their final resting places during her 80th year, when she traveled to Hungary for this purpose.

Kupferminc's father, Aron Kupferminc, was born in Lodz, Poland. During the Nazi occupation,

El legado de pérdida y añoranza

Primo Levi escribió una vez que "el razonamiento, el arte, y la poesía no ayudan a descifrar un lugar del cual han sido expulsados." Hoy, con la generación de testigos sobrevivientes disminuyendo, la magnitud del Holocausto continúa desafiando la imaginación humana. Aún así, la compulsión de documentar la destrucción del judaísmo europeo a través del arte, la literatura y el cine, es cada vez mayor. Cada esfuerzo es una tentativa de atestiguar a los testigos, de agregar un eslabón a la cadena vital de la memoria, de modo que las consecuencias fundamentales de la inhumanidad durante la Shoá sigan siendo conmemoradas.

Mirta Kupferminc es tanto artista líder como miembro de la 'segunda generación' - la generación de los descendientes de sobrevivientes que nacieron después del Holocausto. Su identidad y creatividad están impregnadas de la comprensión emocional e intelectual que es única para aquellos cuyas vidas se han desarrollado a la sombra del trauma, de la pérdida, de la dislocación, y del milagroso espíritu de renacimiento. Sus temas artísticos de éxodo, herencia, memoria y continuidad se arraigan en la historia de sus padres y como participante activo en la reconstrucción de la familia en una nueva tierra y cultura, lejos de sus orígenes europeos.

La madre de Kupferminc, Agnes Mandl Mèrö, nació en Sárosd, Hungría, y fue tomada prisionera el 20 de marzo de 1944, el día siguiente a la entrada de los alemanes en Hungría. Después de algunos días presa en Budapest, fue deportada a Auschwitz. En la desesperación por la imposibilidad de rescatar a sus dos hijos, los padres de Agnes se suicidaron el 1 de julio de 1944 en el ghetto de Sábogard, Hungría. Agnes buscó sus tumbas por más de sesenta años, encontrándolas finalmente a la edad de 80 años, cuando viajó a Hungría con ese fin.

El padre de Kupferminc, Aron Kupferminc, nació en Lodz, Polonia. Durante la ocupación nazi

he was sequestered in the Lodz ghetto and deported in the last transport to Auschwitz, where his parents perished. After their liberation, Agnes and Aron met in a hospital in Hungary while they were both being treated for illnesses contracted in the concentration camp. They left Hungary for Italy, where for several years Aron worked for the American Jewish Joint Distribution Committee and clandestinely assisted Jewish survivors to immigrate to Palestine, later Israel. They arrived in Argentina in 1948, and their daughter, Mirta, was born seven years later.

Her consciousness of her family's background dates back to her earliest childhood memories. She recalls, "I was always very curious about the numbers on their arms. My mother answered my questions, saying: 'I have this not to forget.' I grew up with this awareness and the longing for grandparents and photographs. I grew up without old things at home or things that had belonged to someone before us."

Kupferminc's first son was born three years after her father had died. Fifteen days after she named him Daniel, her mother disclosed that her father had had an infant son with the same name who was killed in Auschwitz, together with his first wife, Sarah. Kupferminc's unknowing choice of this name in 1985 launched the further unraveling of her family's Holocaust history. By 2000, she felt compelled to name her half-brother – a six-month-old baby that no one remembered had existed – in her works.

Art has given Kupferminc the visual language with which to access these memories and to transmit them to others. Both overtly and covertly, her works allude to feelings of uprootedness, fragility, and mystery, as well as a passionate affirmation of life. Mirta conveys the psychological isolation as well as the vitality of imagined figures illuminated by vivid, infernal flames or balanced on crimson-hued hands and limbs that bespeak the

fue recluido en el ghetto de Lodz y deportado en el último transporte a Auschwitz, donde sus padres perecieron. Agnes y Aron se conocieron después de su liberación en un hospital en Hungría, cuando ambos eran tratados por las enfermedades contraídas en el campo de concentración. Partieron de Hungría hacia Italia, donde durante varios años Aron trabajó para el Joint (Comité Judeo-Americano de Distribución) y ayudó a sobrevivientes judíos a emigrar a Palestina, posteriormente Israel. Llegaron a la Argentina en 1948, y su hija, Mirta, nació siete años después.

Fue conciente de la historia familiar desde su más temprana edad. Ella recuerda, "me despertaban curiosidad los números en sus brazos. Mi madre contestaba mis preguntas, diciendo: 'Tengo esto para no olvidar'. Crecí con este cuestionamiento y anhelando abuelos y fotografías. Crecí sin cosas viejas en casa o cosas que hubieran pertenecido a alguien más antes que nosotros."

El primer hijo de Kupferminc nació tres años después del fallecimiento de su padre. Quince días después de haberlo nombrado Daniel, su madre recordó que Aron había tenido un bebé con el mismo nombre, que fue asesinado en Auschwitz, junto con su primera esposa, Sarah. Sin saberlo, Kupferminc eligió este nombre en 1985, desenredando así aún más la historia de su familia en el Holocausto. Hacia el 2000 se sintió impulsada a nombrar en una obra a su medio hermano – un bebé de seis meses cuya existencia había sido olvidada.

El arte ha dado a Kupferminc el lenguaje visual con el cual acceder a estas memorias y transmitirlas a otros. Abierta y encubiertamente, sus trabajos aluden a sentimientos de desarraigo, de fragilidad, y de misterio, así como a una apasionada afirmación de la vida. Mirta conjuga tanto el aislamiento psicológico como la vitalidad de figuras imaginarias iluminadas por

force of both life and death. She manipulates the artifacts of childhood and of Jewish tradition to serve as memorials to a vanished past, or to celebrate the transcendence of a heritage. She repurposes weathered chairs with wings or anamorphic imagery to evoke alternative realities and mystical possibilities. She explores the Auschwitz tattoos on her parents' arms as the ultimate dehumanizing act, and also honors their defiance in retaining them as testimony against historical forgetting – and in the process challenges the viewer to reflect on this form of degradation in a contemporary culture where freely chosen body markings connote aesthetic display.

Her commitment to the transmission of memory through her imaginative works is not merely introspective or retrospective. Born and raised in Buenos Aires, her own life has witnessed the disappearance of political dissidents and the bombing of the AMIA Jewish center, for which she created the monument to the victims of that terrorist attack. Her art, while grounded in the terror and loss of the Holocaust, speaks powerfully to contemporary concerns of human freedom, tolerance, and justice.

Her artistic process is a metaphor for the infinite human capacity to overcome, survive, create, and help heal the world. As a witness to witnesses of the Holocaust, Kuperminc's legacy of loss and longing is transformed into a vibrant call to action: to remember the past, to live in the present, and to affirm the vitality of the future.

vívidas llamaradas infernales, o equilibradas en manos y extremidades carmesí, que revelan la fuerza de la vida y de la muerte. Manipula los objetos de la niñez y de la tradición judía para servir como monumentos a un pasado desaparecido, o para celebrar la trascendencia de una herencia. Con alas o imágenes anamórficas, resignifica destartaladas sillas, para evocar realidades alternativas y posibilidades místicas. Explora los tatuajes de Auschwitz en los brazos de sus padres como extremo acto de deshumanización, y también honra su desafío al mantenerlos como testimonio contra el olvido histórico - y en el proceso, desafía al espectador a reflexionar sobre esta forma de degradación, en una cultura contemporánea donde marcas corporales libremente elegidas connotan una propuesta estética.

Su compromiso con la transmisión de la memoria a través de su obra no es simplemente introspectivo o retrospectivo. Nacida y criada en Buenos Aires, su propia vida ha atestiguado la desaparición de disidentes políticos y el atentado a la mutual judía AMIA, para lo cual creó el monumento a las víctimas de ese atentado terrorista. Su arte, aunque asentado en el terror y la pérdida del Holocausto, se dirige potentemente a las preocupaciones contemporáneas relacionadas con la libertad, la tolerancia, y la justicia humana.

Su proceso artístico es una metáfora de la infinita capacidad humana para superar, sobrevivir, crear, y ayudar a sanar el mundo. Como testigo de testigos del Holocausto, su legado de pérdida y añoranza se transforma en una vibrante convocatoria a la acción: a recordar el pasado, vivir en el presente, y afirmar la vitalidad del futuro.

JEAN BLOCH ROSENSAFT
Director
Hebrew Union College-Jewish Institute of Religion
Museum, New York

Mirta Kupferminc: magical realism

Argentina, the most cosmopolitan country in Latin America, is fueled by a polyglot mixture of refugees of various faiths, creeds and nationalities, who use language and symbols with intensity and hidden meanings. Buenos Aires art and music throb with color, mocking humor, and romantic innuendo. Amongst the immigrants was a steady stream of Jewish intellectuals, fleeing persecution, seeking sanctuary and religious freedom who poured into Buenos Aires beginning as early as the 16th century. By the 19th century, Sephardic Latin American Jewry was firmly established and in 1898 the first of the ships carrying Ashkenazi Jews from Eastern Europe arrived, adding a new spice to the richly flavored population.

Mirta Kupferminc (Buenos Aires, 1955), a highly acclaimed artist, uses the style of Magical Realism to illustrate loss and dislocation. Focusing on a personal micro cosmos with the intensity of a miniaturist, she fills her paintings with surprising juxtapositions of color, light, and perspective. Creating stage sets in which surreal acts unfold, Kupferminc invites us to join in her party, meet her dream characters, and accept their reality. Her technique borders on hyper-realism, with finely drawn images of hands, eyes, and faces. Kupferminc's parents, her Hungarian mother and her Polish father, emigrated as Holocaust survivors. There is in her work a remnant of traditional Hungarian art techniques. Fine graphics, including etching and engraving, have long been a distinctive signifier of Hungarian illustrators, designers and artists and Kupferminc instinctively follows this intensive tradition.

The fine art style known as Magical Realism developed after the First World War. This style attached spiritual values to ordinary objects, bringing these images into sharp focus, clearly outlined and arrested in motion. Magical

Mirta Kupferminc: realismo mágico

Argentina, el país más cosmopolita de América Latina, es nutrida por una mezcla políglota de refugiados de diversas religiones, credos, nacionalidades, que utilizan el lenguaje y los símbolos con intensidad y significados ocultos. El arte y la música de Buenos Aires palpitan con color, un humor burlón, e insinuaciones románticas. Entre los inmigrantes había un flujo constante de intelectuales judíos que huían de la persecución, buscando refugio y libertad religiosa, y que se vierten en Buenos Aires ya desde el siglo XVI. En el siglo XIX los judíos sefardíes de América Latina están firmemente establecidos y en 1898 el primero de los buques que transportan judíos ashkenazíes de Europa Oriental toca puerto, añadiendo un nuevo condimento a esta población de tan variada sazón.

Mirta Kupferminc (Buenos Aires, 1955), una aclamada artista, utiliza el estilo del realismo mágico para ilustrar pérdida y dislocación. Centrándose en un microcosmos con la intensidad de un miniaturista, llena sus obras con sorprendentes yuxtaposiciones de color, luz y perspectiva. Creando un escenario en el que se desarrollan actos surrealistas, Kupferminc nos invita a participar en su fiesta, encontrarnos con sus personajes soñados, y aceptar su realidad. Su técnica está al borde del hiper-realismo, con imágenes de manos, ojos y rostros, finamente dibujadas. Los padres de Kupferminc, su madre húngara y su padre polaco, emigraron como sobrevivientes del Holocausto. Hay en su trabajo remanentes de las técnicas tradicionales del arte húngaro. Finos gráficos, incluyendo el aguafuerte y el grabado, han sido durante mucho tiempo un distintivo significativo de los ilustradores, diseñadores y artistas húngaros, y Kupferminc sigue instintivamente esta intensa tradición.

El estilo de arte conocido como Realismo Mágico se desarrolló después de la Primera Guerra

Realism is marked by a cool, detached sense of dislocation combining naturalistic details with dream images. It always incorporates a hidden agenda, forcing the viewer or reader to delve for the deeper meanings invested in the ordinary. The term is also applied to a number of Latin American writers from 1960 to 1990, including Gabriel Garcia Marquez, Miguel Angel Asturias, Isabel Allende, and most notably Jorge Luis Borges. These authors incorporate symbolism, metaphors, and fantasy with sharp clarity in their complex fiction. Their themes include alienation and anxiety, often leaving readers feeling as if they had been thrust into the vortex of a fantasy/cartoon illustration.

The internationally renowned Argentinean writer, Jorge Luis Borges (1899-1986), although not a Jew, was fascinated by *midrash* and the Kabbalah. His interest in Judaism was not limited to its philosophy and ideas but extended to the essence of being Jewish. In his mature years he lectured on Israel, Jewish literature, and religion. Moved by and in response to his mystical writings, Kupferminc created a limited edition artist book, *Kabbalah: Paths to the Word,* together with Dr. Saul Sosnowski, an Argentinan who is Professor of Latin American Literature at the University of Maryland and a critical specialist of the works of Borges.

Kupferminc's personal metaphor takes the form of parades of figures that border the central image in many of her works. The viewer is reminded of the Lilliput people from Jonathan Swift's fantastic novel, *Gulliver's Travels.* They in turn, were a riff on the 'danse macabre,' the dance of death, dating to the 15th century, in which members of all ranks of society joined in a procession, urged on by Death. Age and circumstance, royalty and sanctity, impoverishment and riches were leveled by the presence of Death. The allegory of the universality of death became a defining supernatural visual metaphor

Mundial. Este estilo une valores espirituales a objetos comunes, dando a estas imágenes un riguroso enfoque, claramente definidas y detenidas en su movimiento. El realismo mágico se caracteriza por un frío sentido de dislocación, combinando detalles naturalistas con imágenes de ensueño. Siempre incorpora una agenda oculta, lo que obliga al espectador o lector a hurgar en los significados más profundos incorporados en lo ordinario. El término también se aplica a un número de escritores latinoamericanos a partir de 1960-1990 incluyendo a Gabriel García Marquez, Miguel Angel Asturias, Isabel Allende y especialmente a Jorge Luis Borges. Estos autores incorporan simbolismo, metáforas y fantasía con una filosa claridad en su compleja ficción. Sus temas incluyen la enajenación y la ansiedad, dejando a menudo a los lectores sintiendo como si hubieran sido empujados al vórtice de una ilustración del comic fantástico.

El internacionalmente renombrado escritor argentino, Jorge Luis Borges (1899-1986), aunque no judío, estaba fascinado por el *Midrash* y la Cábala. Su interés por el judaísmo no se limita a su filosofía e ideas sino que se extiende a la esencia de ser judío. En su edad avanzada dió conferencias sobre Israel, la literatura y religión judía. Conmovida por y en respuesta a sus escritos místicos, Kupferminc ha creado un libro de artista de edición limitada, *Borges y la Cábala: senderos del Verbo,* junto con el Dr. Saúl Sosnowski, un argentino profesor de literatura latinoamericana en la Universidad de Maryland y especialista en la obra de Borges.

La metáfora personal de Kupferminc adopta la forma de desfiles de figuras que rodean la imagen central en muchas de sus obras. El espectador puede recordar a la gente de Lilliput en la fantástica novela de Jonathan Swift, *Los Viajes de Gulliver.* Ellos a su vez, fueron una recreación de la «Danza Macabra», la danza de la

for the Middle Ages, a warning to the powerful, and a solace for the poor.

Kupferminc's diverse figures appear like charms or *ex-votos*, draped around her central figures. Votive offerings abound in Latin cultures, where they are known as Milagros, and are believed to reinforce prayer or to give thanks.

The chessboard, a continuing pattern of black and white squares, is another Kupferminc trademark, which she uses to depict life as a game of chance and skill, frequently exploding in flames, powerfully contrasting red and black, religion and state, intellect and passion, order and chaos.

Overriding these motifs are ever present and increasingly powerful Jewish references. The Torah contains many stories of mystical experiences, including prophetic visions and dreams. As a student of Kabbalah, Kupferminc explores the larger questions of the nature of God and the universe. Her contrasting images are responses to questions of Jewish mysticism: heaven/hell, angels/demons, birth/death. These cosmological issues are open to her personal interpretation through her study of the Kabbalah. The mystical symbol of 'the tree of life,' *Etz haChayim*, used in the Kabbalah, appears frequently in her work. Ultimately, Kupferminc is recording Jewish survival through severe vicissitudes and the exceptional order, peace, and understanding that comes from a commitment to Judaism. This is her legacy: the imagery is her path to self- realization.

LAURA KRUGER
Curator / Curadora
Hebrew Union College - Jewish Institute of
Religion Museum
New York, May 2009

muerte, que data del siglo XV, en la que miembros de todos los rangos sociales se unen en una procesión, instados por la Muerte. Edad y circunstancia, realeza y santidad, empobrecimiento y riquezas se nivelan en presencia de la Muerte. La alegoría de la universalidad de la muerte se convirtió en una metáfora visual en la definición de lo sobrenatural de la Edad Media, una advertencia a los poderosos y un consuelo para los pobres. Las diversas figuras de Kupferminc aparecen como amuletos o ex-votos, rodeando a sus figuras centrales. Los *ex-votos* abundan en las culturas latinas en las que se conocen como Milagros, que según la creencia refuerzan la oración o dan gracias.

El tablero de ajedrez, un patrón continuo de cuadrados en blanco y negro, es otra característica de Kupferminc, que ella utiliza para describir la vida como un juego de azar y habilidad, explotando con frecuencia en llamas, fuertemente contrastantes en rojo y negro, la religión y el estado, el intelecto y la pasión, orden y caos.

Por encima de estos motivos se encuentran las siempre presentes y cada vez más poderosas referencias judías. La Torá contiene muchas historias de experiencias místicas incluyendo visiones y sueños proféticos. Como estudiante de la Cábala, Kupferminc explora las cuestiones más amplias de la naturaleza de Dios y del universo. Sus contrastantes imágenes son respuestas a las preguntas de la mística judía: paraíso / infierno, ángeles / demonios, nacimiento / muerte. Estas cuestiones cosmológicas están abiertas a su interpretación personal a través de su estudio de la Cábala. El símbolo místico del `árbol de la vida', *Etz haJaím* usado en la Cábala, aparece con frecuencia en su trabajo. En última instancia, Kupferminc está registrando la supervivencia judía a través de severas vicisitudes y el orden excepcional, paz, y comprensión que provienen de un compromiso con el judaísmo. Este es su legado: las imágenes son su camino hacia la auto-realización.

Photo: M.E. Solis

Stitching poetry into art

Lawrence Ferlinghetti, the justly renowned San Francisco poet, has written, '*A poem is a mirror/walking down a strange street*'. This apt definition, so redolent of the quiet power within his work, brings to mind also the quiet power of Mirta Kupferminc's work in the visual arts. It too illuminates aspects of the world through which we pass, offering questions about the nature of human history and experience, suggesting possible answers, but never – never quite – offering a full response to the question '*Why?*' In any case, the quest for such a full response through the work of an artist is futile. Making good art is a matter of asking questions, perhaps also of suggesting possible answers, but any artist who claims to have all the answers should be reminded of the conclusion of the fairy-tale of the '*Emperor's New Clothes*'. It is said that when asked if he was The Way, Buddha replied, '*No, I am the finger pointing the way*'. This also is the task of the true artist.

Mirta Kupferminc is a remarkable artist; this much is clearly evident in her work. It transcends the usual definitions that have tied so much other contemporary art into knots; it combines printmaking, poetry, sculpture, painting, video and photography in many and various permutations. It presents the viewer (the witness) with access to her deep and thoughtful work in a manner that is not common in today's voracious and greedy art world. It contains the power to touch the heart and to create a potent link not only with her personal heritage, but also with the heritage of the world. The quality of remembrance that reverberates in much of her work is persuasive, building links between her family history, and through that with the wider history of the Jewish people and beyond to that again to touch on the history of our civilization.

Making art is always a risky process; the potential for failure accompanies the making of the

Cosiéndole poesía al arte

Lawrence Ferlinghetti, el renombrado poeta de San Francisco, ha escrito, "*Un poema es un espejo / caminando por una calle extraña*". Esta adecuada definición, tan descriptiva de la serena energía en su trabajo, evoca también la serena energía en la obra plástica de Mirta Kupferminc. Ilumina asimismo aspectos del mundo que atravesamos, ofreciendo preguntas sobre la naturaleza de la historia y la experiencia humana, sugiriendo posibles respuestas, pero nunca –realmente– ofreciendo una respuesta plena a la pregunta "*¿Porqué?*" En todo caso, buscar tal respuesta a través del trabajo de un artista es en vano. La creación del buen arte consiste en hacer preguntas, quizás también sugerir posibles respuestas, pero cualquier artista que pretende tener todas las respuestas debería recordar la conclusión del cuento "*El traje nuevo del Emperador*". Se dice que cuando le preguntaron al Buddha si él era el camino, contestó: "*No, yo soy el dedo que señala el camino*". Ésta también es la tarea del verdadero artista.

Mirta Kupferminc es una artista notable; esto es claramente evidente en su trabajo. Supera las definiciones comunes que han maniatado a tanto arte contemporáneo; combina grabado, poesía, escultura, pintura, video y fotografía en muchas y variadas permutaciones. Presenta al espectador (el testigo) un acceso a su profundo y pensativo trabajo de una manera inusual en el voraz y codicioso mundo actual del arte. Es capaz de tocar el corazón y establecer una potente relación no sólo con su herencia personal, sino también con la herencia universal. La calidad de la memoria que vibra en mucho de su trabajo es persuasiva, construyendo conexiones entre sus antecedentes familiares, y de ahí a la historia más amplia del pueblo judío y más allá, para tocar la historia de nuestra civilización.

La creación artística es siempre un proceso arriesgado; el fracaso potencial acompaña la

first mark. It takes courage and strength of purpose, and a range of skills, to persist with the creation of the hard-won image. Linking these qualities to a profound sense of remembrance can lead to the making of work that stands securely, without compromise, before the eyes of the world. This is what Mirta Kupferminc achieves in her work. Whether it is in the form of a conventionally made print – which by virtue of its inherent reproducibility makes it widely available, or through the form of sculpture – which has a unique presence, there is a potency that communicates directly with those who encounter it.

But it is through her work with limited edition book works that this artist's chosen forms of expression reach their most remarkable achievement. She does not shirk from tackling complex philosophical subject matter, working for example with texts from Borges and from the Kabbalah, and with the powerfully sensitive word of poets such as Saul Sosnowski. Mirta Kupferminc's intuitive understanding of such subject matter enables her to make prints that both illuminate the deep meanings of the texts and complement that meaning with her own layers of visual brilliance, which in turn offer further levels for contemplation.

Printmakers are by nature collaborators, working through necessity or choice with others in order to achieve the best possible results: this has been the case for centuries. In the case of this artist and her chosen collaborators something remarkable happens. The final result (enhanced by the beautiful presentation of the work within a box containing the promise of secrets to be revealed) offers to the viewer and reader (the witnesses) of the work an insight into a complex and challenging world. It is a world in which there is also simplicity: the simple revelation that it is the dedicated artist who becomes the traveler, the explorer, and who,

creación desde la primera marca. Hace falta valor y fuerte propósito, y una gama de habilidades, para persistir en la creación de la imagen, arduamente conseguida. Vincular éstas cualidades a un profundo sentido de la memoria puede llevar a la elaboración de una obra que se sostiene firmemente, sin concesiones, ante los ojos del mundo. Esto es lo que logra Mirta Kupferminc en su trabajo. Sea con el grabado tradicional – ampliamente disponible gracias a su inherente virtud de multiplicidad; o a través de la escultura - que tiene una presencia única- manifiesta una potencia que se comunica directamente con quien se encuentra.

Pero es a través de su trabajo con libros de edición limitada que las formas de expresión elegidas por esta artista alcanzan su logro más notable. Ella no evade temas filosóficos complejos, trabajando por ejemplo con los textos de Borges y de la Cábala, y con la poderosa sensibilidad de poetas tales como Saúl Sosnowski. Mirta Kupferminc comprende intuitivamente estos temas, y esto le permite crear impresiones que esclarecen los profundos significados de los textos y los complementan con sus propias capas de brillantez visual, que asimismas ofrecen niveles adicionales de contemplación.

Los grabadores son colaboradores por naturaleza, trabajando por necesidad o elección con otros para alcanzar los mejores resultados posibles: así ha sido durante siglos. En el caso de esta artista y sus colaboradores escogidos, algo notable sucede. El resultado final (realzado por la hermosa presentación del trabajo dentro de una caja que contiene la promesa de secretos a ser revelados) ofrece al espectador y al lector (los testigos) una incursión a un mundo complejo y desafiante. Es un mundo en el cual existe también simplicidad: la simple revelación de que el artista es el viajero, el explorador, quien al fin de una travesía larga y a veces penosa, regresa con cuentos maravillosos sobre un mundo que yace mas allá del horizonte coti-

after a long and sometimes difficult journey, returns with tales of wonder of a world that lies beyond the daily horizon of those of us who must remain behind. For this, and for the work of Mirta Kupferminc we have good reason to be thankful.

RICHARD NOYCE
Wales, May 2009

diano de los que debemos permanecer detrás. Por esto, y por el trabajo de Mirta Kupferminc, tenemos buena razón para estar agradecidos.

People on another mirror / detail
Gente del otro espejo / detalle

Mirta Kupferminc's rootless routes

They wander along roads and up steep mountaintops, above the crests of tall trees and the roofs of multi-level buildings, along the surfaces of women's bodies, the fingers and life-lines of a giant hand, the edges of bright red flames. They carry suitcases and trunks, ladders and canes, stacks of books, torahs and prayer shawls, piles of Hebrew and Latin alphabet letters. Some haul houses on their bent backs, others drag trees along with them, uprooted, heavy. Occasionally the tree branches merge into their heads, the roots wrapping around their legs and arms. But mostly they are not so encumbered by their load and by their wanderings. Those who do not bend over under their weight, skip and run, dance and twirl, swim and float and tiptoe on thin wires. They are tall and thin, short and fat, human and animal, or they are hybrid imaginary creatures, mermaids, snails and tortoises with human limbs. They wear every conceivable costume – tall hats and hairdos, turbans, wigs, tefillim, feathers, long robes, striped bathing suits, frilly tutus. They never stop wandering.

They people the work of an artist who herself carries a history of exile and displacement. A child of European Holocaust survivors growing up in Latin America during periods of dictatorship, she shares her baggage with her characters who help her disseminate, transmit and transform it. But she carries not only the history of Jewish suffering in Europe, or of the terror in her own country, Argentina, but also, and more prominently, a deeper Biblical, kabalistic legacy where tradition, learning, myth, fantasy and imagination cross. In her work, she re-imagines these histories for new generations and for a future that must remember without being impeded and weighted down by a heavy past. As we walk along the galleries and peer into her world, we feel the restlessness that animates

Las rutas sin raíces de Mirta Kupferminc

Vagan por los caminos y las cimas de escarpadas montañas, sobre las crestas de altos árboles y las azoteas de edificios de múltiples niveles, por las superficies de cuerpos femeninos, los dedos y las líneas de la vida de una mano gigante, los bordes de brillantes llamaradas rojas. Acarrean valijas y troncos, escaleras y bastones, pilas de libros, la Toráh y chales litúrgicos, pilas de letras hebreas y latinas. Algunos acarrean casas sobre sus encorvadas espaldas, otros arrastran árboles, desarraigados, pesados. A veces las ramas se fusionan con sus cabezas, las raíces se enredan alrededor de sus piernas y brazos. Pero en su mayoría no son tan perturbados por su carga y sus andanzas. Los que no se doblan bajo su peso saltan y corren, bailan y giran, nadan y flotan y atraviesan finos alambres en puntas de pie. Son altos y delgados, bajos y gordos, humanos y animales, o son criaturas híbridas imaginarias, sirenas, caracoles y tortugas con extremidades humanas. Visten toda vestimenta concebible – altos sombreros y peinados, turbantes, pelucas, tefillin, plumas, túnicas, bañadores a rayas, tutúes con volantes. Nunca dejan de vagar.

Son pobladores del trabajo de una artista que por sí misma acarrea una historia de exilio y desplazamiento. Hija de sobrevivientes europeos del Holocausto creciendo en América Latina durante períodos de dictadura, ella comparte su bagaje con sus personajes; que le ayudan a diseminarlo, a transmitirlo y transformarlo. Pero ella lleva no sólo la historia del sufrimiento judío en Europa, o del terror en su propio país, la Argentina; sino también, y más prominentemente, una herencia bíblica y cabalística más profunda donde la tradición, el aprendizaje, el mito, la fantasía y la imaginación se cruzan. En su trabajo, ella re-imagina estas historias para las nuevas generaciones y para un futuro que

her creations. We want to rest – perhaps one of her chairs will offer a moment's respite? But, no, we realize – they invite us to sit but not to relax. These are no ordinary chairs. They have wings, and breasts, they sport musical instruments and eyes and little men and hourglasses and flowers. What will happen if we stop along our route for a moment and sit down? What surreal dream world beckons? Surely it is one we know deeply. And yet it is also one we have never imagined.

MARIANNE HIRSCH & LEO SPITZER
New York, April 2009

debe recordar sin ser impedido y lastrado por la carga del pasado. Mientras recorremos las salas y observamos su mundo, sentimos la inquietud que anima sus creaciones. Queremos descansar -¿quizá una de sus sillas ofrecerá un momento de respiro?- Pero no, descubrimos que nos invitan a sentarnos pero no a relajarnos. Éstas no son sillas comunes. Tienen alas, y senos, instrumentos musicales y ojos y pequeños hombres y relojes de arena y flores. ¿Qué sucederá si nos detenemos en nuestra ruta por un momento y nos sentamos? ¿Qué soñado mundo surrealista nos convoca? Es seguramente uno que conocemos profundamente. Pero es también uno que nunca hemos imaginado.

On the way / 15.75 x 25.20 inches / 2001
En camino / 40 x 64 cms / 2001

Mirta Kupferminc's Expanding universe

Art and physics may at times come together in their attempt to capture energy, to bring forth that which awaits and may coalesce to define an artist's craft. Attention to minutiae and to the infinite; a godlike desire to capture at once all that is precious, for nothing exists without a purpose nor outside the realm of the possible. The voice from Sinai and the screams from airtight chambers; childhood games and severe justice; the defining signature of some figures and access to the still unknown…

Everything that is Mirta Kupferminc's art (and persona) alludes to a creative whirlwind, to unlimited possibilities. Stemming, perhaps, from a childlike (but knowing) fascination with life, her prints, objects and installations, each in their own way, gallantly enter our innermost spaces to tweak a complacent gaze, to search out the intimacy of feeling, and challenge the preeminence of reason. Whether delicately and intuitively suggestive, or brutally frontal, Mirta Kupferminc does not suffer indifference. As with the most provocative expressions of art, we enter her world cognizant of risks. Appreciation, admiration, and the puzzled look at how is it possible do not begin to define that experience. In time, we learn that since gaining access to that dimension we have acquired a new and different way to ponder knowledge and history and to celebrate (or at times bemoan) humanity's imprint on this scarred earth.

I am one of those who are part of that orbit. Together, linked in a profound and ongoing dialogue also by being Argentine-Jews, Mirta and I created a world that became *Borges and the Kabbalah: Paths to the Word.* Since then, since we started conjugating image and text, no letter has been the same.

SAÚL SOSNOWSKI
College Park, Maryland, March 2009

Mirta Kupferminc Un universo en expansión

Cada tanto, las fuerzas del arte y las leyes de la física confluyen para atesorar cierta dimensión energética, para generar algo que acecha y que cuajará en la impronta del artista. Cuando ello se da, el más mínimo detalle y lo infinito se dan simultáneamente; es entonces que allí se reconoce esa voluntad divina de captarlo todo a la vez: no hay despropósito, nada existe sin alguna finalidad, nada pervive fuera de lo posible. Juntos se dan cita la voz del Monte Sinaí y los gritos de las cámaras de la muerte; juntos los juegos de la niñez y la justicia severa; juntos la signatura que define figuras que serán emblemáticas y el acceso a lo aún desconocido…

El arte de Mirta Kupferminc (la "personna" Mirta Kupferminc) alude a un remolino creativo, a innumerables posibilidades. Sus grabados, objetos e instalaciones acceden a nuestro más recóndito e íntimo espacio desafiando toda actitud complaciente y el predominio de la razón. Quizá el origen de esta fuerza se remonte a la fascinación que desde su niñez ha tenido con la vida, con todo lo vital; quizá por eso mismo, sea delicada, fuertemente sugestivo o brutalmente frontal, su arte no tolera la indiferencia.

Al igual que con las expresiones más incisivas y provocadoras del arte, entramos al mundo de Mirta Kupferminc concientes de los riesgos que corremos. Ni un sentido o gesto de apreciación y admiración, ni una mirada desconcertada ante lo que parece imposible describen adecuadamente lo que experimentamos ante su obra. Con el paso del tiempo llegaremos (llegamos) a reconocer que al haber accedido a esa dimensión otra de su arte hemos adquirido un modo diferente para reflexionar sobre el conocimiento y sobre la historia; que hemos aprendido otra manera de celebrar (y lamentar) las marcas y las cicatrices que el hombre está dejando sobre esta compartida corteza terrestre.

Me encuentro, soy, parte de esa órbita. Juntos,
unidos profundamente en un diálogo que nos
es propio por ser también judíos-argentinos,
Mirta y yo creamos el mundo que es *Borges y
la Cábala: senderos del Verbo.* Desde entonces,
desde que comenzamos a conjugar imagen y
letra, ninguna letra ha vuelto a ser lo que hasta
entonces había sido.

Thirtygthousandandone / 38.97 x 27.55 inches / 2005
Treintamiluno / 99 x 70 cms / 2005

Faces of Mirta Kupferminc

Polyhedron, *a solid ending in flat surfaces*. In a Jacopo de `Barbari of 1495, where Luca Pacioli is portrayed, there are two polyhedrons: a crystal one, hanging, another on the table, of wood. The art of Mirta Kupferminc appears to me like a polyhedron, not of crystal - mix and fusion of silicate sand with potash and minium-, but of wood - firm, solid, dense and strong, whose reservoir is found under the bark of the tree. Each face of that wooden solid constitutes an aspect of the task of the artist. Painter, engraver, constructor of objects and books for bibliophilia, faces of a compact, tight, thick polyhedron, in intimate relation with each other.

Why of wood and not of crystal? Because the art of Mirta Kupferminc does not seem to me colorless and transparent, but rather thickened, crowded together, it is elaborated with what remains hidden underneath the rind, the crust. *I wish an amiable art were possible* - I feel the artist says -, *a crystalline art, able to reflect multiple and permanent colors*. But that is not, yet, possible for her. One of her eyes looks to the past, whose paradigm is the Ghetto of Lodz, in Poland, with its ghosts and, among them, the ghost of Daniel Kupferminc; the other at a present that, time and time again, is obstinately repeating it. (…)

CARLOS BARBARITO
Buenos Aires, 2005

Caras de Mirta Kupferminc

Poliedro, *sólido terminado por superficies planas*. En un Jacopo de` Barbari de 1495, donde se retrata a Luca Pacioli, hay dos poliedros: uno, colgado a la derecha, de cristal, otro, sobre la mesa, de madera. El arte de Mirta Kupferminc se me aparece como un poliedro, no de cristal -mezcla y fusión de arena silícea con potasa y minio, sino de madera- firme, maciza, densa y fuerte, cuyo reservorio se sitúa bajo la corteza del árbol. Cada cara de ese sólido de madera constituye un aspecto del quehacer de la artista. Pintora, grabadora, constructora de objetos y libros para bibliofilia, caras de un poliedro compacto, apretado, espeso, en íntima relación unas con otras.

¿Por qué de madera y no de cristal? Porque el arte de Mirta Kupferminc no me parece incoloro y transparente, no: engrosado, apiñado, está elaborado con lo que permanece oculto debajo de la cáscara, la corteza. *Ojalá fuese posible un arte amable* – siento que dice la artista -, *un arte cristalino, capaz de reflejar múltiples y permanentes colores*. Pero eso no le es, todavía, posible. Un ojo suyo está puesto en el pasado, cuyo paradigma es el Ghetto de Lodz, en Polonia, con sus fantasmas y, entre ellos, el de Daniel Kupferminc; el otro en un presente que, una y otra vez, se obstina en repetirlo. (…)

True person, true artist

Rarely does one happen to gain close access to a person who embodies generous and boundless artistic creativity, responsible optimism, and intelligent kindness. Despite the passage of time, I am still amazed observing in Mirta the epitome of such simple and sensitive coherence between person and oeuvre, an output that fascinates with its versatility, the way in which it keeps on growing beyond formal beauty in order to convey a powerful, expressive energy.

Mirta always surprises. With what she does, what she says, what she feels, what she provokes. She surprises us with her wealth of imagination, her intelligent enthusiasm, with an inventiveness that gradually takes us along unexpected paths, into worlds based on another logic, suddenly inhabited by small crowds of characters, some of which we recognize, some in which we recognize ourselves. Roaming the bulk of her work we come across images or objects that speak to us, question us, trouble us, take us to new places, to unprecedented feelings, which enrich our eyes and fantasy.

I once wrote that there are dumb, deaf, distracted, mistaken hands. Finally, one has the hands that one has managed to make in the course of one's life, the hands that one deserves. And there I said that Mirta's are wise hands, laden with a wisdom harvested in the struggle with pencils, brushes, gouges, chisels, drill bits; that Mirta´s hands are that of a working woman, a craftswoman, hardened in the school of doing. Even if Mirta's hands would wear lace gloves up to the elbows, what they truly enjoy is to savor paint, to challenge the metal of the plate, penetrate the flesh of the wood, delicately and assertively engraving an image, a plastic idea. What delights Mirta´s hands is to spoil the innocence of a blank sheet of paper, enamoring it with colors. Because Mirta's hands are

Persona verdadera, artista verdadera

Pocas veces le toca a uno en la vida acceder a la cercanía de una persona en la que se funden una creatividad plástica desbordante y generosa, un optimismo responsable y una bondad inteligente. A pesar del paso de los años me sigue asombrando observar cómo se da en Mirta esa sencilla y sensible coherencia entre persona y obra, una obra que fascina por su versatilidad, por la manera como va creciendo más allá de la belleza formal para transmitir una poderosa energía expresiva.

Mirta sorprende siempre. Con lo que hace, con lo que dice, con lo que intuye, con lo que provoca. Sorprende con la riqueza de su imaginación, con la inteligencia de su entusiasmo, con la inventiva que va llevándonos por caminos inesperados, por mundos de una otra lógica, habitados de pronto por pequeñas multitudes de personajes, algunos de los cuales reconocemos, en algunos de los cuales nos reconocemos. Recorriendo su obra damos con imágenes u objetos que nos hablan, nos interrogan, nos inquietan, nos transportan a sitios nuevos, a sensaciones inéditas, que enriquecen los ojos y la fantasía.

Alguna vez escribí que existen manos mudas, sordas, distraídas, equivocadas. Cada uno tiene, finalmente, las manos que logró hacerse a lo largo de su vida, las manos que se merece. Y decía allí que las de Mirta son manos sabias, de una sabiduría cosechada forcejeando con lápices, pinceles, gubias, buriles, escoplos; que las de Mirta son manos obreras, artesanas, curtidas en la escuela del hacer. Aunque se pongan guantes largos de broderí hasta los codos, lo que de veras les gusta a las manos de Mirta es paladear pintura, es desafiar al metal de la chapa, penetrar la carne de la madera, grabando con delicadeza y prepotencia una imagen, una idea plástica. Lo que les encanta a las manos de Mirta es echar a perder la inocencia de una hoja

bold, curious, they get bored if they do not get into trouble. Generous hands, open hands, thoughtful hands, expressive hands, MENTCH HANDS.

I was extremely privileged to share a couple of projects with Mirta, enjoying closely the orderly overflow of her creative labor, her deep commitment to herself and her vital experiences, intersected by some tragic stories, which translate into her work as a vibrant artistic expression in a just, strong and honest tone. The theme was the Jewish experience, and I witnessed the struggle of "jewishness" in her work with the angel of the obvious, the commonplace, restoring it visually to the essential, vindicating its complexity in the amazement of discovery, of stating in a Jewish manner universal values, plurality, diversity, the reverse of visible things, the footprint of the texture of a glance, of a wordy color. This is what she has just done by creating in multiple dimensions a work of art that expresses the mysterious visual and poetic encounter between the word of Borges and the Kabbalah, with moving eloquence, wisdom and beauty, which propel us into worlds unsuspected and intensely true. It's just that Mirta, as person and as artist, IS UTTERLY TRUE.

ELIAHU TOKER

blanca, enamorándola de colores. Porque las manos de Mirta son manos atrevidas, curiosas, que se aburren si no se meten en problemas. Manos generosas, manos abiertas, manos pensativas, manos expresivas, MANOS GENTE.

Yo tuve el enorme privilegio de compartir con Mirta un par de proyectos, disfrutando de cerca el desborde ordenado de su laboriosidad creativa, de su hondo compromiso consigo misma y con sus experiencias vitales, atravesadas por algunas historias dramáticas, que en su obra cobran elocuente expresión plástica en un tono justo, fuerte y honesto. El tema era la experiencia judía y fui testigo del combate de "lo judío" en su obra con el ángel de lo obvio, de lo transitado, devolviéndolo plásticamente a lo esencial, reivindicando su complejidad en el asombro del descubrimiento, del pronunciar de manera judía los valores universales, lo plural, lo diverso, el revés de lo visible, la huella del nudo del tejido de una mirada, de un color palabrero. Es lo que acaba de hacer creando en múltiples dimensiones una obra que expresa el misterioso encuentro plástico y poético entre la palabra de Borges y la Cabalá, con elocuencia, sabiduría y belleza conmovedoras, que nos disparan a mundos insospechados e intensamente verdaderos. Es que Mirta, como persona y como artista ES TODA VERDADERA.

I've been a collector of Latin American art for nearly fifteen years, a collector of Argentine art for the past six years, and a committed Reform Jew all of my adult life. During one of my many trips to Buenos Aires, I had the great fortune to meet Mirta Kupferminc, just when she was putting the finishing touches on the Borges and the Kabbalah book for its debut at the Recoleta Cultural Center in Buenos Aires, in July 2006.

From the minute I stepped into Mirta's studio in Buenos Aires, I knew that I had found an artist that spoke to my interest in Latin American art and my commitment to Judaism. Mirta's studio was a wonder of different media with Jewish themes – sculpture, engraving, and painting. Even before I saw the Borges and the Kabbalah manuscript, I knew that Mirta's work would have a profound impact on me.

Borges and the Kabbalah: Paths to the Word was a wonder to me. It combined Mirta's extraordinary engraving skills (which have been recognized throughout the world), her excellent Hebrew calligraphy skills and her innate sense of organization to create, with Saul Sosnowski, what I think will become one of the major works of Jewish and Latin-American art and literature of the 21st Century.

Since my initial contact with Mirta, I've had the chance to experience her work and get to know her as an artist, a learned Jew and a friend. Every visit to Mirta's studio (and I've made many over the past three years) fills me with wonder at her remarkable ability to interpret her Judaism through her art. Her engravings on biblical themes, her illustrated books on the diaspora and Borges and the Kabbalah, her thoughtful works on the Holocaust, and her outstanding video on wandering, titled *En Camino*, all stem from her deep commitment to her Judaism, her Argentine roots and her experience as a daughter of Holocaust survivors.

He sido coleccionista de arte latinoamericano por casi quince años, coleccionista de arte argentino durante los últimos seis años, y un comprometido judío reformista toda mi vida adulta.

Durante uno de mis numerosos viajes a Buenos Aires, tuve la gran fortuna de conocer a Mirta Kupferminc, justo cuando estaba poniendo los últimos toques al libro sobre Borges y la Cábala para su presentación en el Centro Cultural Recoleta en Buenos Aires, en julio de 2006.

Desde el momento en que entré al estudio de Mirta en Buenos Aires, supe que había encontrado una artista que respondía a mi interés en arte latinoamericano y a mi compromiso con el judaísmo. El taller de Mirta era una maravilla de diversas técnicas con temas judíos: escultura, grabado y pintura. Aún antes de haber visto el manuscrito del libro sobre Borges y la Cábala, supe que el trabajo de Mirta tendría en mí un profundo impacto.

Borges y la Cábala: senderos del Verbo fue asombroso para mí. Combinaba las extraordinarias habilidades de Mirta como grabadora (que han sido reconocidas en el mundo entero), su excelente caligrafía hebrea y su sentido natural de organización para crear, junto a Saúl Sosnowski, lo que creo que se convertirá en una de las principales obras del arte judío y latinoamericano del siglo XXI.

Desde mi primer contacto con Mirta, tuve la oportunidad de adentrarme en su trabajo y conocerla como artista, judía culta y amiga. Cada visita a su estudio (muchas en los últimos tres años) me llena de asombro por su notable capacidad para interpretar su judaísmo a través de su arte. Sus grabados sobre temas bíblicos, sus libros ilustrados sobre la diáspora y Borges y la Cábala, sus reflexivos trabajos sobre el Holocausto, y su excepcional video *En Camino*, sobre el tema de migraciones, todos ellos provienen de su profundo compromiso con el

As a member of the Board of Governors of Hebrew Union College-Jewish Institute of Religion, I am overjoyed that HUC is hosting Mirta's first solo exhibition in New York. I know that her work will touch and inspire everyone who experiences it.

JAY H. GELLER
Los Angeles, February 2009

(...)

Mirta Kupferminc´s work gives an account of the different attributes which are an outcome of her personality rich in shades of meanings. Her art is sustained under the sign of a strong spiritual track and triggers essential questions about the order of the universe, the relationship of men among each other and with their God. However, *the sense of existence of man in the universe* does not generate conflicts, rather it has found its own answers. Even though she states her obsessions in the attempt to unveil the mysteries and to discover the logic of the universe with its secret laws, her quest is not erratic at all. Literature, the history of civilizations, and religions, have shown her some paths of exploration that she re-elaborates and then pours into her works. She creates with her images weaves of tales; she interlaces them, creates new tracks, harvests and removes parts from the innards of history, to get new treasures that she humbly supposes pre-existent and whose mission would be to bring them out into the light, give them artistic and poetic shape and basically share them with her contemporaries.
(...)

CORINNE SACCA ABADI
Buenos Aires, 2006

judaísmo, sus raíces argentinas y su experiencia como hija de sobrevivientes del Holocausto.

Como miembro del Comité Ejecutivo del Hebrew Union College-Jewish Institute of Religion, me hace feliz que sea el HUC quien presente la primera exposición individual de Mirta en Nueva York. Sé que su trabajo conmoverá y será fuente de inspiración para todo aquél que lo presencie.

(...)

El conjunto de la obra de Mirta Kupferminc da cuenta de diversos atributos producto de su personalidad rica en matices. La obra se sostiene bajo el signo de una fuerte impronta espiritual y desarrolla preguntas esenciales sobre el orden del universo, la relación de los hombres entre sí y con su Dios. Sin embargo, *el sentido de la existencia de hombre en el universo* no genera conflictos, se diría que ha encontrado sus propias respuestas. Si bien manifiesta sus obsesiones en el intento de develar los misterios y descubrir la lógica del universo con sus leyes secretas, su búsqueda no es errática. La literatura, la historia de las civilizaciones, las religiones, le indican algunos de los senderos de exploración que luego vuelca y reelabora en sus obras. Urde con sus imágenes entramados de cuentos, los entrelaza, crea nuevos surcos, siembra y remueve de las entrañas mismas de la historia, para extraer nuevos tesoros que humildemente supone pre-existentes y cuya misión sería sacar a la luz, darles forma artística, poética y básicamente compartirlas con sus contemporáneos.
(...)

On the way

Mirta Kupferminc / Mariana Sosnowski / Luciano Dyzenchaus (video animation)

(...)

The video *On the Way* is rooted in Mirta Kupferminc´s visual art.

It proposes a circular structure, not linear, which allows a symbology that expresses the errant condition of the Hebrew People, its ascents and descents in order to rise time and time again. This marks the difference from the linearity and thelos brought on by Christianity as symbolic structure. *On The Way* would seem to be in a mythical space-time, an eternal return that, nevertheless, will never meet the point of origin. What takes form then is more a spiral than a circle. From the perspective of the present, in this Argentina composed of multiple cultural inheritances where new migrants leave a country in crisis looking for better horizons, the today, resignifies eternity.

GRACIELA TAQUINI
Buenos Aires, June 2005

In my opinion artist and dealer usually choose each other considering our respective talents as well as our ethical values, and so, together, we probe the time and space we live in.

Mirta Kupferminc and I have developed work of proven cultural and commercial interest in the Argentine sphere and we are ready to expand both aesthetic and geographical boundaries.

PELUSA BORTHWICK
Buenos Aires, May 2009

En camino

Mirta Kupferminc / Mariana Sosnowski / Luciano Dyzenchaus (video animación)

(...)

El video *En Camino* está enraizado en la obra plástica de Mirta Kupferminc.

Propone una estructura circular, no lineal, que permite una simbología que expresa la condición errante del Pueblo Hebreo, sus elevaciones y descensos para volver a subir una y otra vez. Esto se diferencia de la linealidad y el thelos que traerá el cristianismo como estructura simbólica. *En Camino* parecería estar en un espacio-tiempo mítico, un eterno retorno que, sin embargo, nunca será igual al del origen. Se concreta entonces más una espiral que un círculo. Desde la perspectiva del presente, en esta Argentina compuesta por múltiples herencias culturales donde nuevos migrantes dejan un país en crisis buscando mejores horizontes, el hoy, resignifica la eternidad.

Mi opinión es que artista y galerista casi siempre nos elegimos por los talentos en nuestras respectivas expresiones y también por nuestros valores éticos y así, juntos, le tomamos el pulso al tiempo y espacio que nos toca vivir.

Mirta Kupferminc y yo venimos desarrollando trabajos de probado interés cultural y comercial en el ámbito argentino y nos preparamos para expandir límites estéticos y geográficos.

Honouring life

Some works are to be uncovered through blaze, others through voluptuousness. Some show us that which drives us to despair, others reflect the imagery we live with. Mirta Kupferminc chose the voluptuous blaze to uncover the art she performs in.

From that standpoint everything is possible, because it takes in a vast territory, brimming with depth, playfulness and mischievousness. The Jewish tribe is a privileged actor in that world of convergence and antagonism between dreams spilled over a land once promised them with milk and honey, with the artist scrutinizing and recalling that inconclusive legacy. Kupferminc's variations on the theme do not include tragedy as an irreversible fate – she rather employs stereotypes in order to discover new ways to stir the spectator-person.

Chairs, also one of her burning bushes, have volume and metaphor, a creative energy she owns by inheritance, leading her to breed joys and shadows and thus uncover, in the wood, time and memory.

Those brilliant reds, those letters falling from the abyss, those Hieronymus Bosch little men who parade among disturbing heads and faces are scenes from an endless obsession. Roguish gnomes, mastering their mimicry, enter our inner selves defying the everyday visions of the burlesque we star in.

It was Isaiah, the prophet of a Bible which can overflow centuries to become continuous present, who wrote: *"Cry Out! I answered, 'What shall I cry out?' 'That all mankind is grass, and all their glory like the flower of the field.'"* And in that versicle Kupferminc revives the essence of her work: an extreme passion and despair eager to break out in the open with a feverish yearning that honours life with every stroke. They are symbols of a vision which refuses

Honrar la vida

Hay obras que se descubren desde la llamarada y otras desde la voluptuosidad. Obras que nos muestran aquello que nos desespera y otras que espejan un imaginario con el que convivimos. La llamarada voluptuosa es la mirada que eligió Mirta Kupferminc para su descubrimiento del arte que protagoniza.

Y desde allí todo es posible porque abarca un territorio vasto, lleno de hondura, juego y picardía. El pueblo judío es un actor privilegiado de ese mundo que emerge de la convergencia y el antagonismo entre sueños derramados sobre una tierra que alguna vez le fue prometida con leche y miel y en la que la artista escudriña y rememora ese legado inconcluso. La variedad de los tonos de Kupferminc en torno al tema no incluye la tragedia como destino irreversible sino que indaga en los estereotipos para descubrir otras posibilidades que arrebaten al espectador-persona.

Las sillas, otra de sus zarzas ardientes, tienen volumen y metáfora, en una energía creativa de la que se apropia a través de una herencia que la induce a parir gozos y sombras para desnudar en la madera tiempo y memoria.

Esos rojos brillantes, esas letras que caen del abismo, esos hombrecillos de Jheronimus Bosch que desfilan entre cabezas y rostros que acosan, son escenas de una obsesión sin final. Traviesos gnomos que dominan su mímica y penetran en nuestra interioridad desafiando las visiones cotidianas del burlesque en el que somos protagonistas.

Es Isaías, el profeta de una Biblia que puede desbordar los siglos para ser presente continuo, quien escribió: *"Dá Voces! y yo respondí: ¿Qué tengo que decir a voces? Que toda carne es hierba, y toda gloria como flor de campo"*. Y es Kupferminc la que revive en ese versículo la clave de su obra: Una pasión extrema que es

to be lament – that's why her aesthetic merges the tattooed number of barbarism with the sensuality of the beehive, where present and task elaborate a carefully sipped nectar. She knows the spell of an indiscreet gesture, the insight of lurking matter, the moan of a hazy line, and with them builds an eternity that incites us, accurately, into the center of the soul.

Elie Faure writes, "Art is a lightning of harmony conquered by a people or a man in the darkness and chaos which precede, follow and, necessarily, surround it."

With her exuberant art, full of humor and conspiratory winks, Mirta Kupferminc confronts us – through baroque or tragic images in which we are protagonists – with the fecund intention of denying us the chance to emerge unscathed from this labyrinth where angel and demon contend for survival.

MANUELA FINGUERET
Buenos Aires, 2004

desesperación porque no puede esperar la intemperie en ese deseo febril que en cada trazo honra la vida. Son símbolos de una visión que se resiste a ser lamento, y por eso su estética funde el número tatuado de la barbarie con la sensualidad de la colmena, en la que presente y tarea elaboran un néctar que no deja libado al azar. Conoce el embrujo de un gesto indiscreto, la iluminación de la materia acechante, el gemido de una línea brumosa, y con ellos construye una eternidad que nos provoca certera hacia el centro del alma.

Escribe Elie Faure "El arte es un relámpago de armonía conquistado por un pueblo o por un hombre en la oscuridad y en el caos que lo preceden, lo siguen y, necesariamente, lo rodean".

Mirta Kupferminc, con su arte exhuberante, lleno de humor y guiños cómplices nos contrasta a través de imágenes barrocas o aciagas de las que somos protagonistas, con la intención fecunda de que no podamos salir indemnes de este laberinto en el que ángel y demonio compiten por sobrevivir.

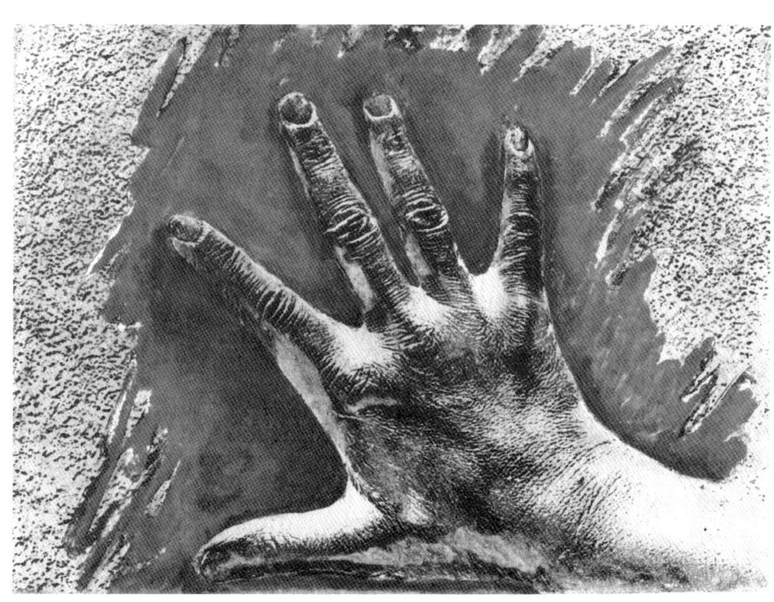

I am / 5.51 x 7.48 inches / 2000
Yo soy / 14 x 19 / 2000

New, trendy, ephemeral, vertiginous, banal, insignificant, consequently forgettable, are the words today manipulated in the global art world.

In "Le complot de l´art, illusion et désillusion esthéthiques", Jean Baudrillard mentions them to define our society, « a society of paroxism and exorcism, that is, a society where we have absorbed to the point of vertigo our own reality, our own identity and intend to reject it with the same strength… »

Mirta Kupferminc does not fit in these manipulations because her work, since early in her career, is deeply rooted in the spiritual.

As a corpus of work her iconography is endowed with intensity. Engraving is her main medium of artistic expression which requires the ability of an alchemist: tenacity, rigour, let alone the importance of that « je ne sais quois » of the unexpected.

Beyond her masterful technique, we find in her the mystique of her creative process, it is part of her being and how she confronts her daily life.

Whenever she exhibits her works the viewer feels he has enriched his perception, her images leave deep traces as well as strong aesthethic consequences.

LAURA FEINSILBER
Buenos Aires, March 2009

Nuevas, de moda, efímero, vertiginoso, banal, insignificante, por lo tanto olvidables, son las palabras manipuladas hoy en el mundo global del arte.

En "Le complot de l´art, illusion et désillusion esthéthiques", Jean Baudrillard los menciona para definir a nuestra sociedad, "una sociedad de paroxismo y exorcismo, es decir, una sociedad donde hemos absorbido al punto de vértigo nuestra propia realidad, nuestra propia identidad e intentamos rechazarla con la misma fuerza…"

Mirta Kupferminc no cabe en estas manipulaciones porque su trabajo, desde temprano en su carrera, se arraiga profundamente en lo espiritual.

En la totalidad de su obra su iconografía está dotada de intensidad. El grabado es su medio principal de expresión artística que requiere la capacidad de un alquimista: tenacidad, rigor, sin dejar de lado la importancia de ese "je ne sais quois" de lo inesperado.

Más allá de su técnica magistral, encontramos en ella la mística de su proceso creativo, es parte de su ser y cómo enfrenta su vida cotidiana.

Cada vez que exhibe sus trabajos el espectador siente que ha enriquecido su percepción, sus imágenes dejan profundas huellas así como fuertes consecuencias estéticas.

From inside and outside / etching / 25.59 x 31.49 inches / 2007

Por dentro y por fuera / aguafuerte-aguatinta / 65 x 80 cms / 2007

After Sàrosd / mixed media / 29.53 x 22.44 inches / 2007

Después de Sàrosd / técnica mixta / 75 x 57 cms / 2007

Written on my body / photopolymer-metal etching / 25.57 x 31.50 inches / 2007

Escrito en mi cuerpo / fotopolímero-aguafuerte / 65 x 80 cms / 2007

My doll, the only one / etching / 38.98 x 27.56 inches / 2004

Mi muñeca, sólo una / aguafuerte-aguatinta / 99 x 70 cms / 2004

Nineteenfourtyfour / illuminated etching / 38.98 x 27.56 inches / 2004

Milnuevecuarenticuatro / aguafuerte-aguatinta iluminado / 99 x 70 cms / 2004

Made of letter and stroke / intaglio / 39.37 x 31.50 inches / 2008

De letra y trazo / intaglio / 100 x 80 cms / 2008

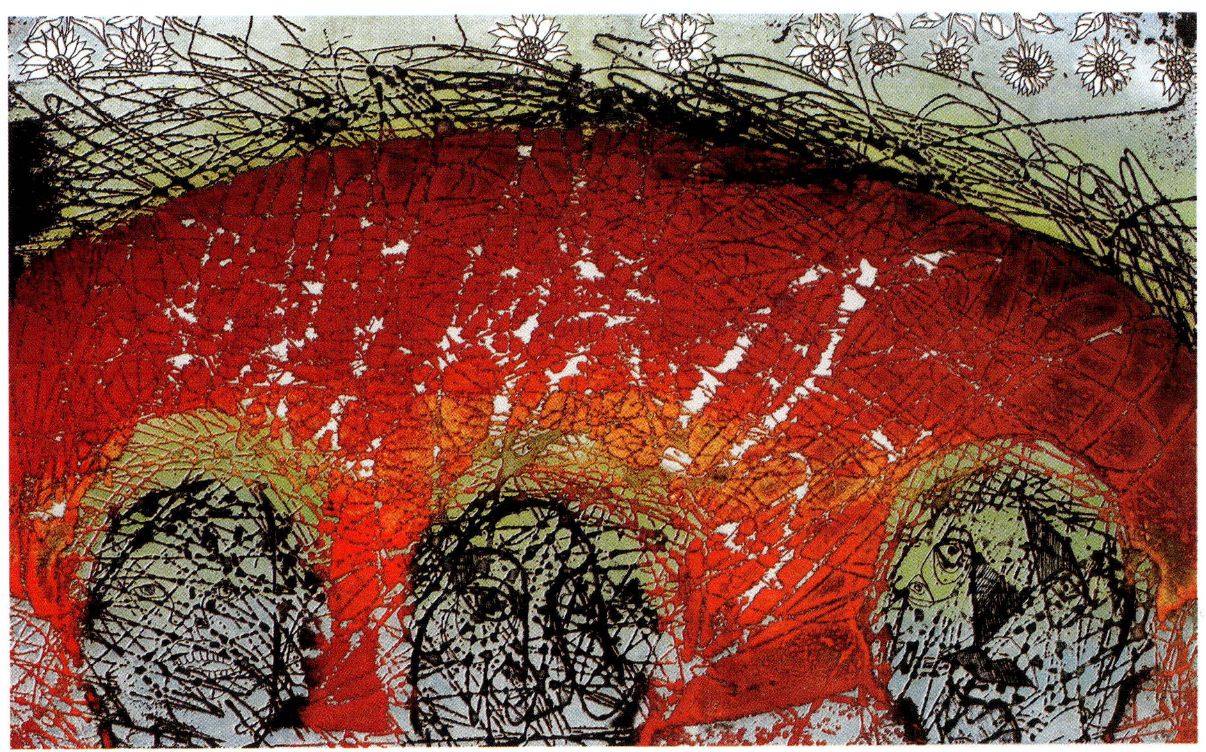

Against the light / etching / 12.59 x 20.47 inches / 2008
A contraluz / aguafuerte-aguatinta / 32 x 52 cms / 2008

Paradise on earth / etching / 12.59 x 20.86 inches / 2008
Paraíso en la tierra / aguafuerte-aguatinta / 32 x 53 cms / 2008

Nowhere / etching / 37.40 x 29.13 inches / 2009

Ningún lugar / aguafuerte-aguatinta / 95 x 74 cms / 2009

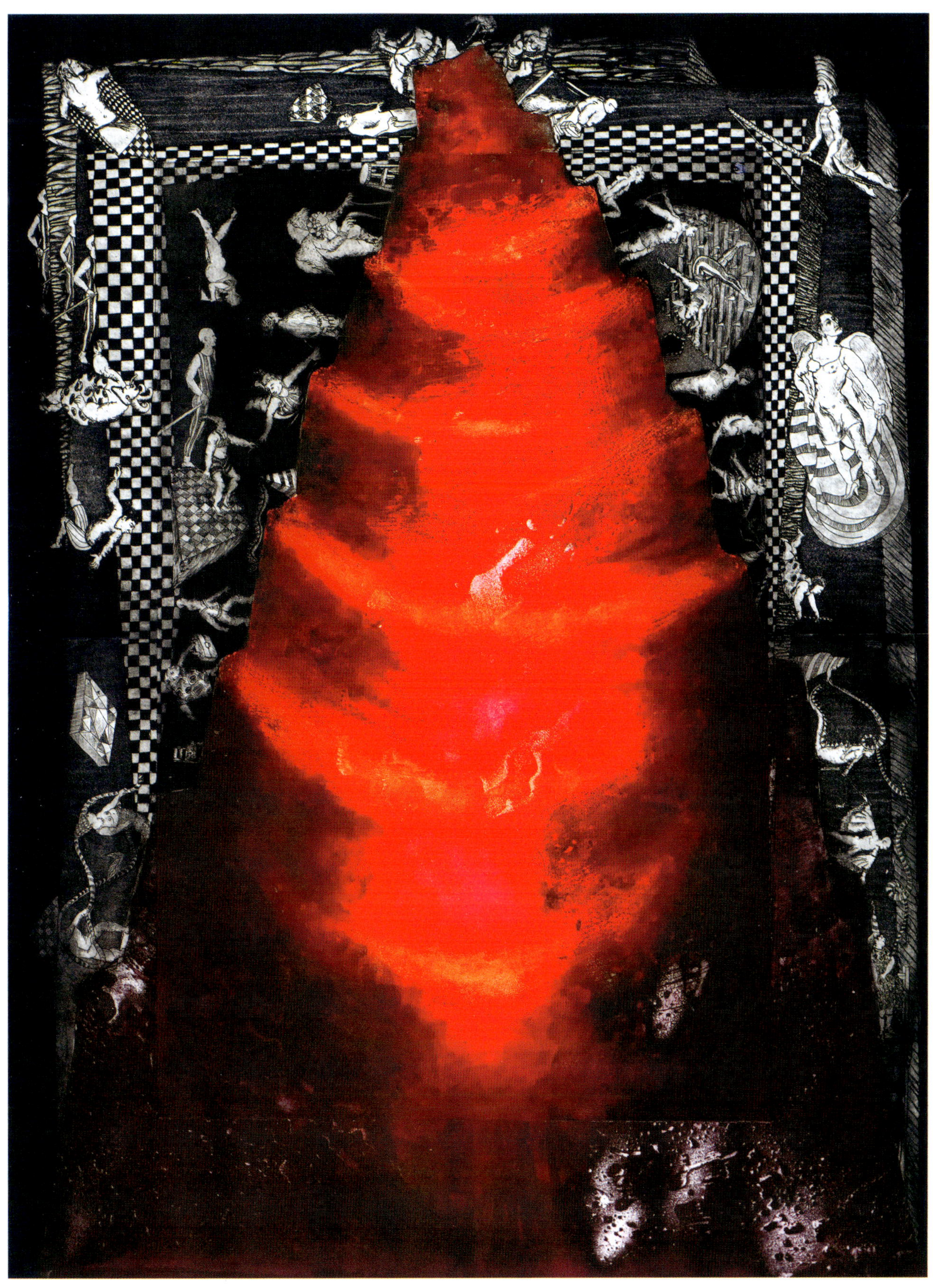

Now Babel, heaven and hell / etching / 46.06 x 35.04 inches / 2000

Ahora Babel, infiernos y paraísos / aguafuerte-aguatinta / 117 x 89 cms / 2000

That place / etching / 25.59 x 31.50 inches / 2007

Ese lugar / aguafuerte-aguatinta / 65 x 80 cms / 2007

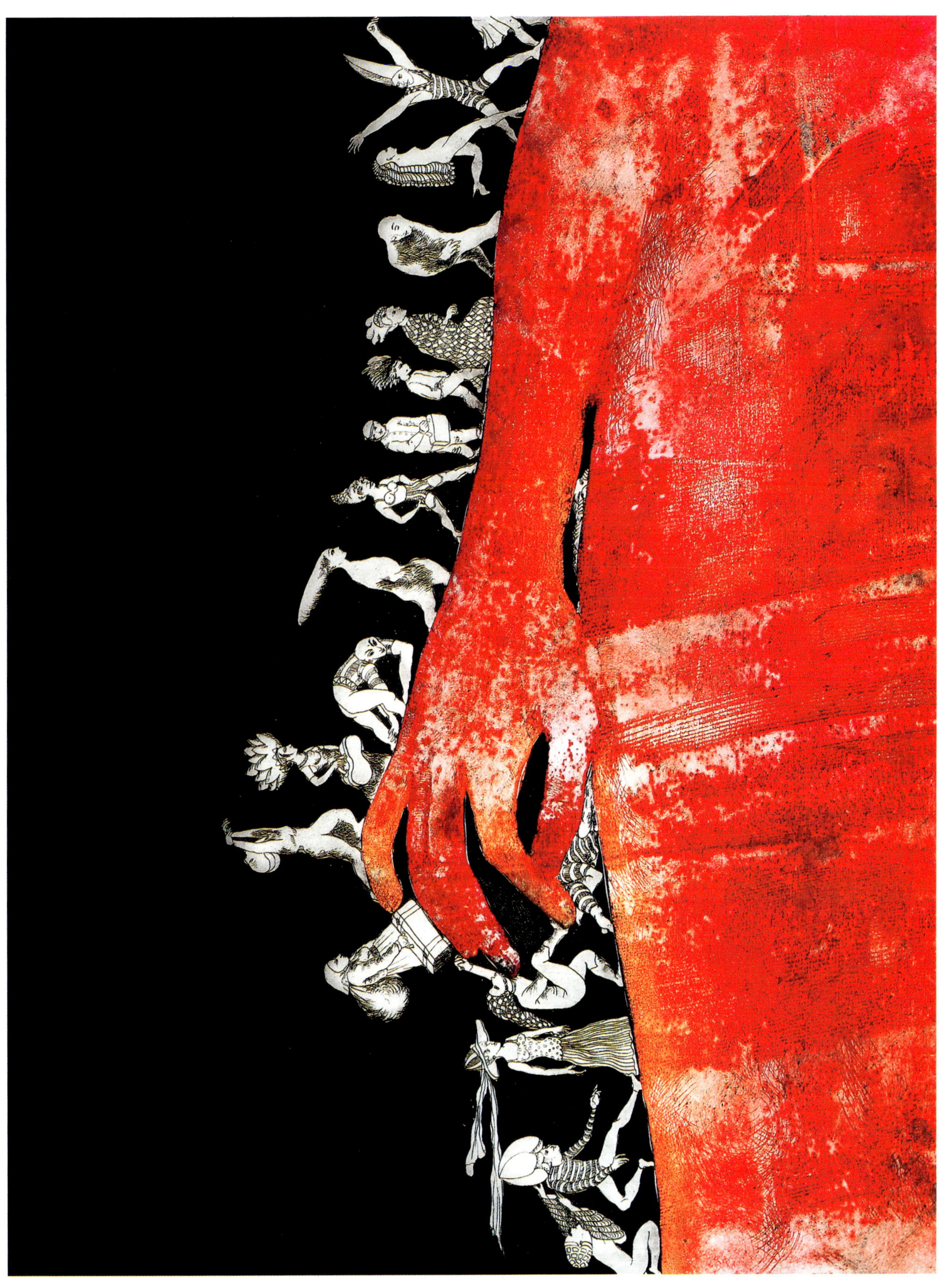

Travel fantasies I / etching intaglio / 31.50 x 23.62 inches / 1999

Fantasías de viaje I / aguafuerte-aguatinta / 80 x 60 cms / 1999

(....)
To be a witness who
loves unconditionally;
daring to judge God over Auschwitz and
find Him guilty;
and pray to Him still,
even there,
even in Auschwitz.

To be a witness of Creative Power by His
multiple and secret Names;
to be a witness to His actions
and also to His inaction. (....)

(....)
Ser testigo que ama incondicionalmente.
Ser capaz de juzgar a Dios por Auschwitz,
de declararlo culpable,
de seguir rezándole,
aún allí,
en Auschwitz.

Ser testigo del Poder Creador en sus
múltiples y secretos Nombres.
Ser testigo de Su hacer
y también de Su no-hacer. (....)

Saúl Sosnowski

To be a witness
glass-paper-wood
11.48 x 16.40 ft
2006

Ser testigo
vidrio-papel-madera
3.50 x 5.00 mts
2006

Memory / etching / 39.37 x 35.43 inches / 1989

Memoria / aguafuerte-aguatinta / 100 x 90 cms / 1989

In your embrace, mom / etching / 39.37 x 19.68 inches / 1989

En tu a-brazo mamá / aguafuerte-aguatinta / 100 x 50 cms / 1989

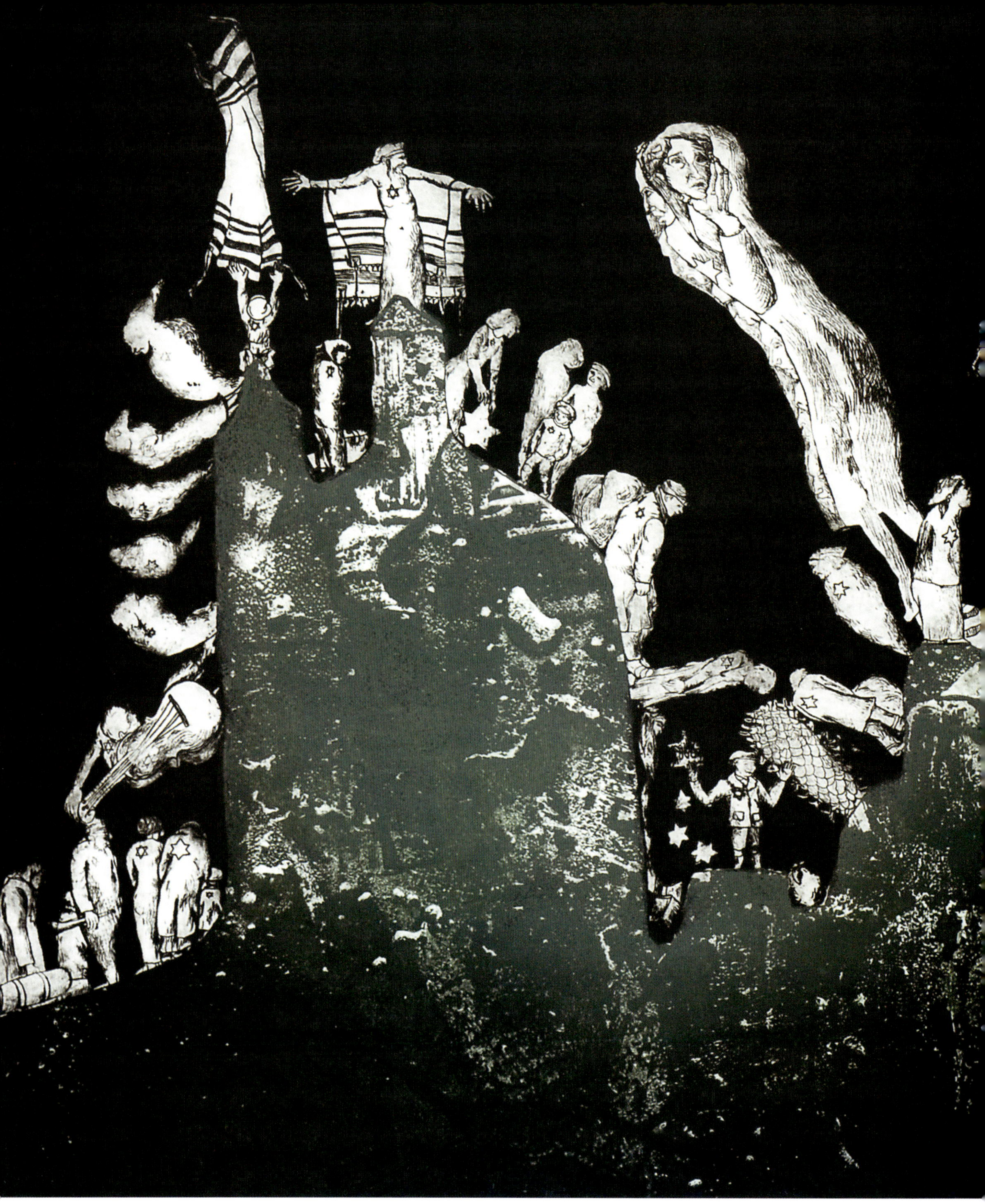

Ghosts at the Lodz ghetto (in Daniel Kupferminc´s memory) / etching / 23.62 x 35.43 inches / 2000
Fantasmas en el ghetto de Lodz (en memoria de Daniel Kupferminc) / aguafuerte-aguatinta / 60 x 90 cms / 2000

JUDE

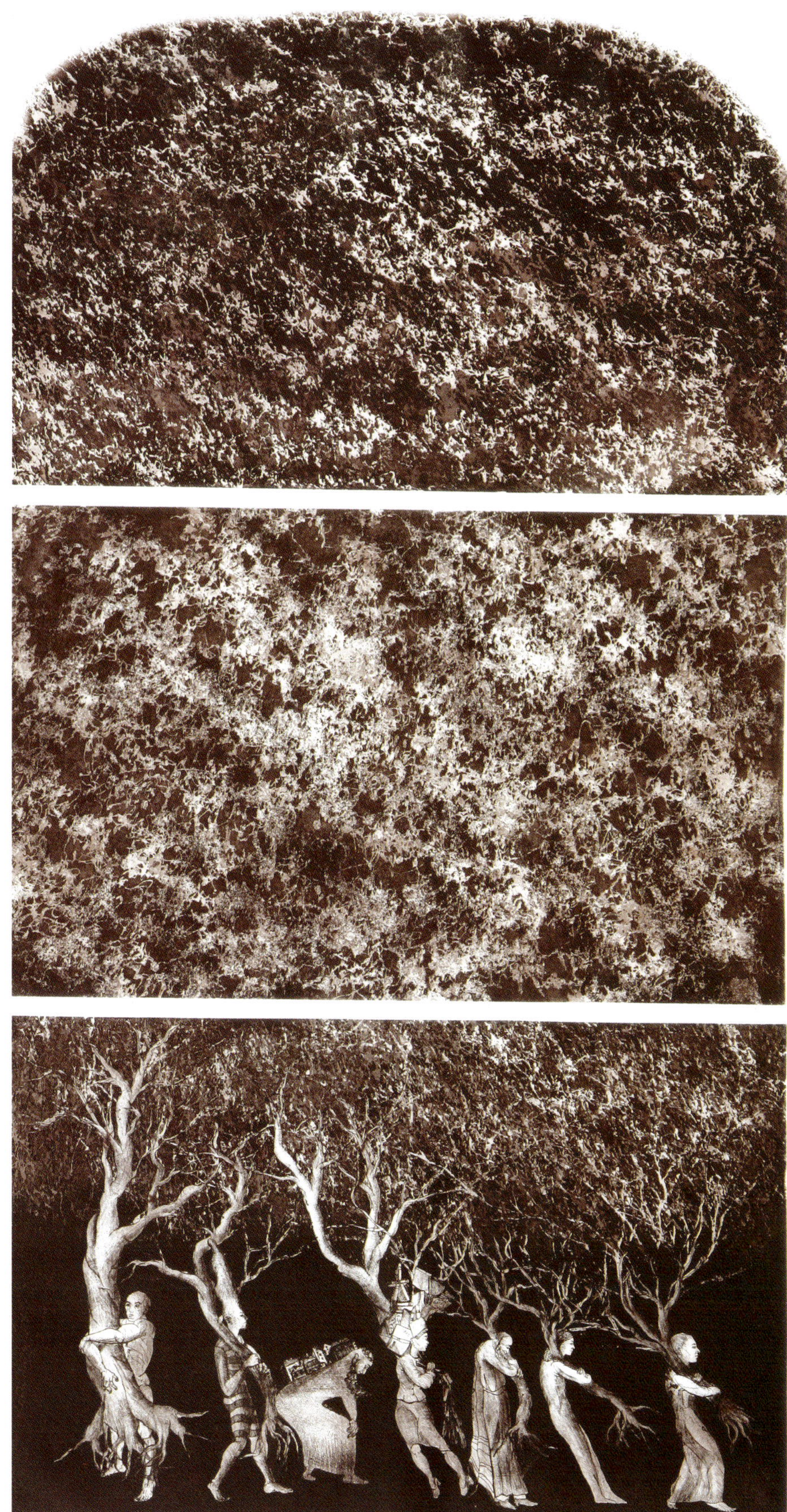

Our trees / etching / 47.24 x 25.20 inches / 2001

Nuestros árboles / aguafuerte-aguatinta / 120 x 64 cms / 2001

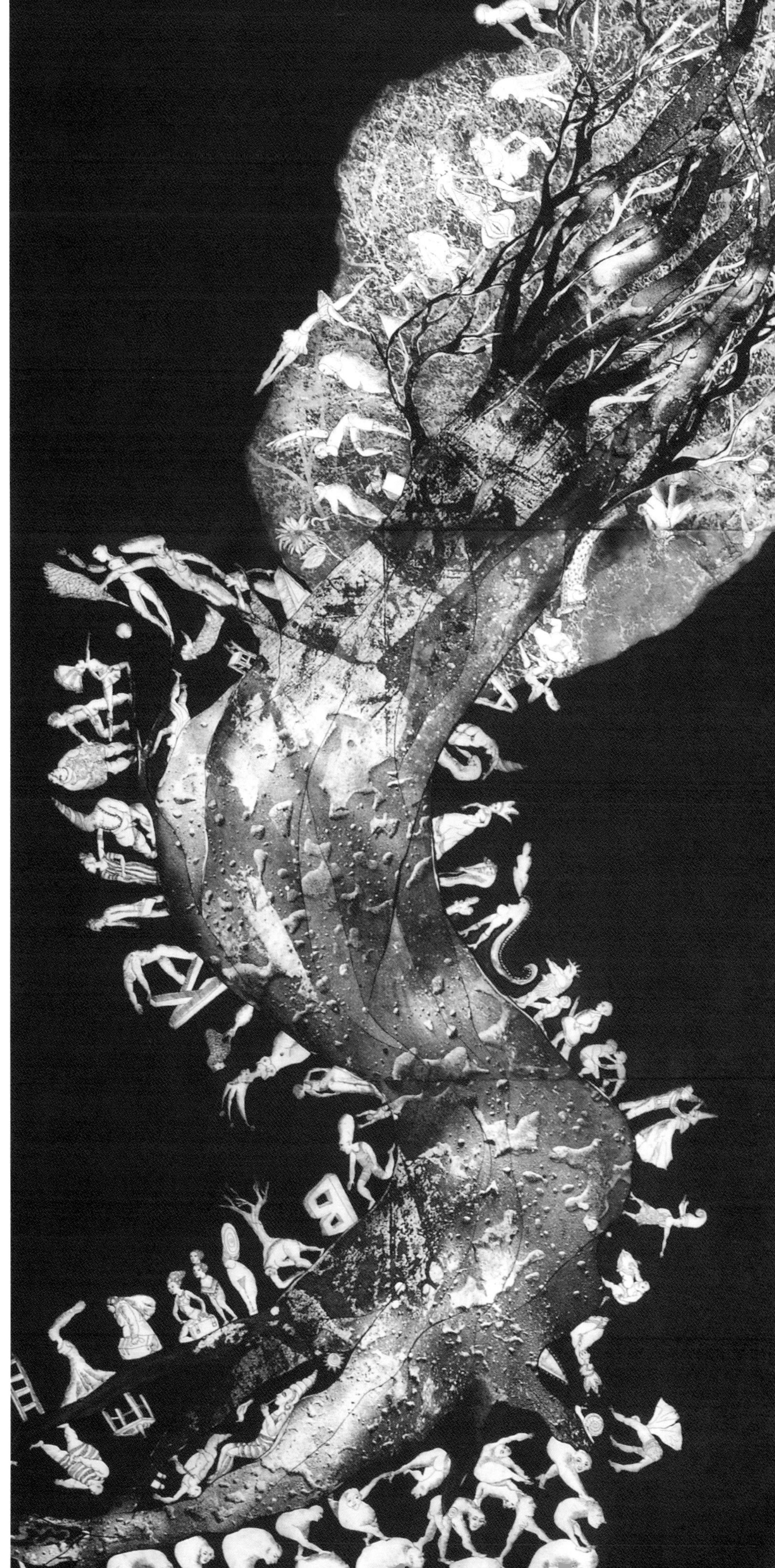

Out of Eden
etching
70.87 x 35.43 inches
2002

Fuera del Edén
aguafuerte-aguatinta
180 x 90 cms
2002

People from another mirror / etching / 35.43 x 23.62 inches / 2001

Gente del otro espejo / aguafuerte-aguatinta / 90 x 60 cms / 2001

The secret miracle / etching mixed media / 16.14 x 25.20 inches / 2005

El milagro secreto / aguafuerte, técnica mixta / 41 x 64 cms / 2005

The secret miracle (upside-down image)

El milagro secreto (imagen invertida)

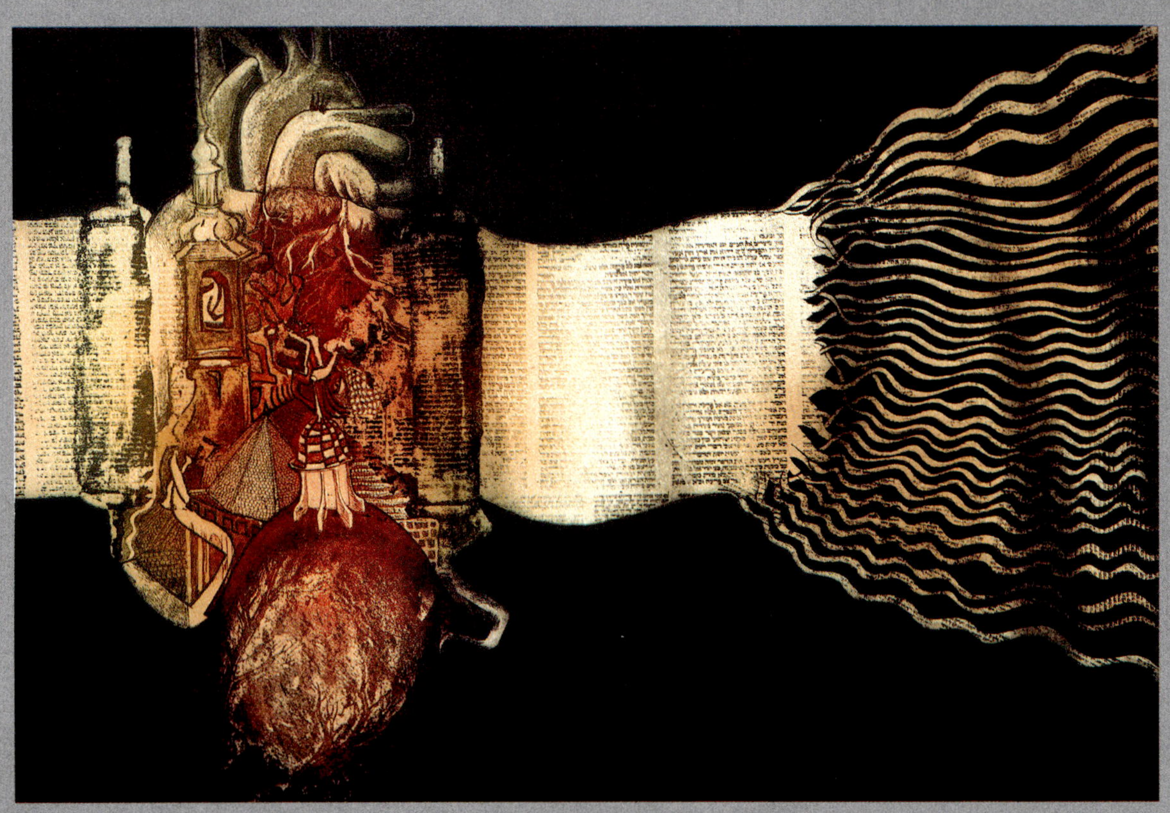

Thirty two are the paths / etching / 15.75 x 24.41 inches / 2004

Treinta y dos son los senderos / aguafuerte-aguatinta / 40 x 62 cms / 2004

The library of Babel / illuminated etching-aquatint / 15.75 x 24.41 inches / 2004

La biblioteca de Babel / aguafuerte-aguatinta iluminado / 40 x 62 cms / 2004

Borges and the Kabbalah: paths to the Word
edition of 25 books / 15.75 x 23.62 inches (open)
29 original etchings / 123 pages
2006
texts by Saúl Sosnowski

Borges y la Cábala: senderos del Verbo
edición de 25 libros / 40 x 60 cms (abierto)
29 aguafuertes originales / 123 páginas
2006
textos de Saúl Sosnowski

Jewish Highlights
edition of 195 books
10.24 x 9.05 inches (closed)
formio fiber paper / digital prints
2003
texts by Eliahu Toker

Iluminaciones Judías
edición de 195 libros
26 x 23 cms (cerrado)
papel de fibra de formio / impresión digital
2003
textos de Eliahu Toker

Borges and the Kabbalah: seeking access
edition of 120 portfolios
16.93 x 11.02 inches (closed)
digital prints
2008
texts by Saúl Sosnowski

Borges y la Cábala: en busca del acceso
edición de 120 carpetas
43 x 28 cms (cerrada)
impresiones digitales
2008
textos de Saúl Sosnowski

Spilt on another map / etching-aquatint-mezzotint / 15.75 x 24.41 inches / 2005
Derramado sobre otro mapa / aguafuerte-aguatinta-mezzotinta / 40 x 62 cms / 2005

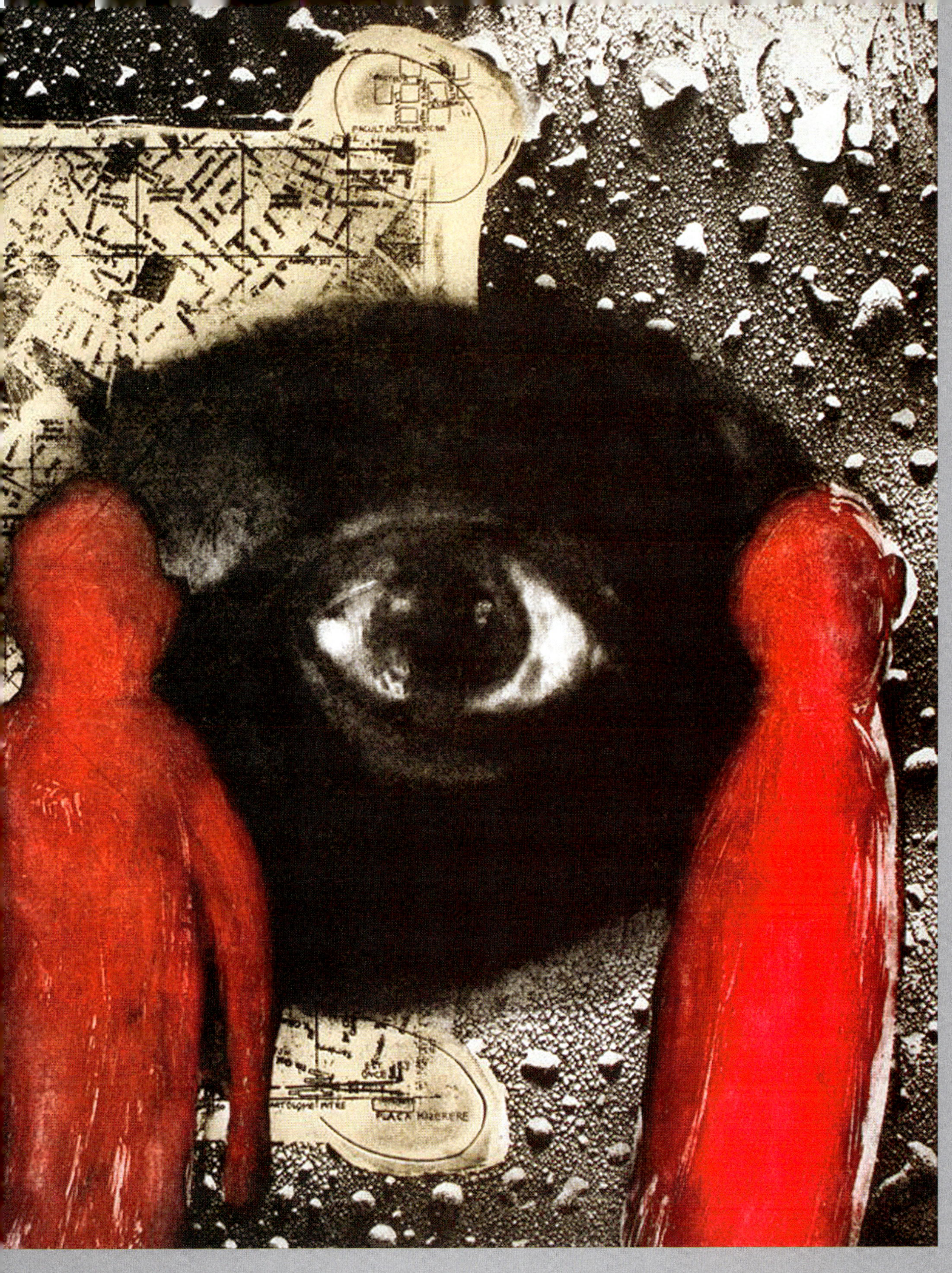
FACULTAD DE MEDICINA
BARTOLOMÉ MITRE
PLAZA MISERERE

Four entered Paradise / etching-aquatint / 15.75 x 24.41 inches / 2006

Cuatro entraron al Paraíso / aguafuerte-aguatinta / 40 x 62 cms / 2006

Exodus
edition of 40 books
13.00 x 10.24 inches (closed)
original etchings
2000

Exodo
edición de 40 libros
33 x 26 cms (cerrado)
aguafuertes originales
2000

Sepharad, a man standing
on his dream
edition of 12 books
16.53 x 24.40 inches (closed)
original illuminated etchings
1992
poems by Santiago Kovadloff

Sefarad, hombre en pie sobre su sueño
edición de 12 libros
42 x 62 cms (cerrado)
aguafuertes originales iluminados
1992
poemas de Santiago Kovadloff

Forgotten memories / artist book / ink and pencil on paper / 36.61 x 9.84 inches (closed) / 2003

Recuerdos olvidados / libro de artista / tinta y lápiz sobre papel / 93 x 25 cms (cerrado) / 2003

In His image, reflected / wood-metal-coal / 42.52 x 29.53 x 18.50 inches / 2008

Reflejo de Su imagen / madera-metal-carbón / 108 x 75 x 47 cms / 2008

anamorphic reflection
reflejo anamórfico

The red Adam of paradise / wood-metal-vegetal fibers / 42.52 x 29.53 x 18.50 inches / 2008

El rojo Adan del paraíso / madera-metal-fibras vegetales / 108 x 75 x 47 cms / 2008

anamorphic reflection

reflejo anamórfico

The circular ruins / cement-wood-paper / 42.52 x 29.53 x 18.50 inches / 2008

Las ruinas circulares / cemento-madera-papel / 108 x 75 x 47 cms / 2008

MIRTA KUPFERMINC (1955)
Born, raised, studied, and works in Buenos Aires, Argentina

Solo Exhibitions / Exhibiciones Individuales

2009   *Wanderings* - Hebrew Union College Museum, New York , USA
       Expotrastiendas Art Fair - Buenos Aires, Argentina
       La Piel de la Memoria - Arcimboldo Art Gallery, Buenos Aires, Argentina
2008   Nohl Art Gallery - Wisconsin University, Milwaukee: *Women of the Book:*
       Mirta Kupferminc and Shirah Apple
       Borges and the Kabbalah: Seeking Access Exhibition with texts by
       Saúl Sosnowski. University of Maryland, USA
2007   *Borges and the Kabbalah: Paths to the Word* - texts by Saúl Sosnowski
       Cervantes Institute, Chicago. USA
       Installation: *The Skin of Memory*
       Hemispheric Institute of Performance and Politics
       Encuentro, Recoleta Cultural Center, Buenos Aires, Argentina
       Piel y Alma de la Memoria - Universidad CEMA, Buenos Aires, Argentina
       Borges and the Kabbalah: Paths to the Word - texts by Saúl Sosnowski
       International LAJSA Conference, Biblioteca Nacional, Buenos Aires, Argentina
2006   *Borges y la Cábala: Senderos del Verbo* - texts by Saúl Sosnowski
       Centro Cultural Recoleta – Buenos Aires, Argentina
2005   Kontact - Impact - Universität der Künste Berlin Gallery, Berlin, Germany
       Exhibition video *En Camino* - Espacio Fundación Telefónica, Buenos Aires
       Seis millones de Veces Uno - Installation Museo Fundación Memoria del Holocausto,
       Buenos Aires, Argentina
2004   *Mundos Convergentes* - Fundación International Jorge Luis Borges, Buenos Aires
2003   Invited by CEANA - Commission for the Elucidation of Nazi Activities in Argentina -
       Argentinian Department of Foreign Affairs
       Neighbors in the World - Beit Gabriel Cultural Center, Israel
2002   *Peregrinajes* - Sívori Museum, Buenos Aires, Argentina
       International Images Art Gallery, Sewickley, Pittsburgh, USA
2001   Comunidad Hebrea , La Habana, Cuba
       Trade Center, La Habana, Cuba
2000   Arte Ba -Art Fair- , Buenos Aires, Argentina
1999   Centro Cultural Recoleta - Buenos Aires, Argentina
       Arte BA -Art Fair- Buenos Aires, Argentina

       Selected earlier solo exhibitions:
       Wildenstein Art Gallery (1990), Praxis Art Gallery (1984-1985), Rubbers Art Gallery (1982)

International Collections and Museums / Colecciones y Museos Internacionales

Kochi Fine Arts Museum, Japan
Wolfsohn Museum, Jerusalem, Israel
The Israel Museum (Contemporary Art Collection), Jerusalem, Israel

Fine Arts Museum, Taipei, Taiwan
Recanati Museum, Uruguay
Fine Arts Museum, Gÿor, Hungary
Ex-libris Museum, Saint Niklas, Belgium
Collection of Contemporary Printmaking, Biblioteca Nacional , Madrid, Spain
Taichung Fine Art Museum, Taiwan
Casa de las Américas, La Habana, Cuba.

Main Collections and Museums in Argentina
Principales Colecciones y Museos en Argentina

Salas Nacionales de Cultura - Palais de Glace
Rosa Galisteo de Rodríguez Museum
Museo Nacional de Grabado
IWO Museum
Amalia L. de Fortabat Collection
Nueva Dirección en la Cultura Collection
Garrahan Hospital
Sociedad Hebraica Argentina
Club Náutico Hacoaj
Fundación Pardés
Fundación Konex
Fundación Banco Mercantil
Bank Leumi, Buenos Aires
Cultural and Commercial Office of Taipei in Argentina
CUJA (United Jewish Appeal) Argentina

Main Awards / Principales Premios

2008   Third Prize, 7th International Triennial Exhibition of Prints - Kochi, Japan
       Memorial Foundation for Jewish Culture- Fellowship 2008-2009
2007   Commendation Award - Ben Uri Art Gallery, IJAYA - London, England
2006   Silver Medal - Internacional Printmaking Biennial, Taiwán
       Moises Prize, Sociedad Hebraica Argentina
       Holocaust Museum Award - Buenos Aires, Argentina
2001   Acquisition Award, 78º Annual Salón de Santa Fé, Argentina
1999   Honorable Mention, International Printmaking Biennial of Taipei, Taiwan
1998   Invited Artist, Printsaurus Association, Japan
1997   First Prize, National Printmaking Award, Argentina
1996   Great Honor Award, Salón de Santa Fé, Argentina - Printmaking
1993   Second Prize, Fondo Nacional de las Artes, Argentina - Painting
1991   Third Prize, National Award, Argentina

International Group Exhibitions / Exhibiciones Grupales Internacionales

2008   7th International Printmaking Triennial,Kochi, Japan
       Global Warmth - Katzen Museum, Washington DC, USA

2007   Invited Artist at the International Printmaking Triennial, Prague
2006   International Video Art Festival, Athens, Greece
       International Printmaking and Drawing Biennial –Taipei, Taiwan
2005   International Printmaking Triennial Kochi, Japan
       Women of The Book - Futernick Family Art Gallery, Miami, USA
       Latin American and Caribbean Video Art Competition and Exhibit - Washington DC
       InterAmerican Development Bank.
       Instituto Italo-Latino Americano, Palazzo Santa Crocce, Rome, Italy
       Video -Art Festival- Lima, Perú
       XXII Film Festival - Bogotá, Colombia
       Latino Film Festival de San Francisco, USA
2004   International Print and Drawing Biennial - Taipei, Taiwan
       IDB International Video Art Biennial - Washington, USA
2003   *Women of The Book*, Starr Gallery, at the LSJCC Boston, USA
       Women of The Book, Jewish Artists, Jewish Themes - Purdue University Galleries, USA
       Global Matrix, Purdue University Galleries, USA
2002   The 3rd Tokyo International Mini Print Triennial, Tokyo, Japan
       National Library, Madrid, Spain
       The Philip & Sylvia Spertus Judaica Prize, Spertus Museum, Chicago, USA
       International Printmaking Biennial, Seoul, Korea
 2001 International Graphic Art Biennial, Krakow, Poland
       Color Printmaking Triennial , Torun, Poland
       Hong Kong Open Print Shop, Hong Kong City Hall, China
       Latin-American and Caribbean Printmaking Biennial, Puerto Rico
       International Graphic Biennial, Taipei, Taiwan
       Encountering the Second Commandment, Jewish Museum, Pittsburgh, USA
1999   National Fine Arts Museum - Taipei, Taiwan.
1998   International Printmaking Biennial, Gÿor, Hungary
       Piat Art Gallery Print Exhibition, Tokyo, Japan
       Comunicca Art Gallery, Tokyo, Japan
       Space 21 Art Gallery, Tokyo, Japan
       Komagane Highland Museum, Japan

Lectures / Conferencias
Selection / Selección

2009   Visiting Artist at MIAD – Milwaukee Institute of Art and Design
       Returning to Babel Symposium – University of Lincoln, Nebraska
       Darmouth College, New Hampshire
       Sociedad Hebraica Argentina
        LIMUD , Buenos Aires
2008   Winsconsin University- Milwaukee
        Golda Meir Library- Milwaukee
2007   Library of Congress, Washington DC
       Villa Ocampo-UNESCO, Argentina

Visiting Artist - MIAD – Milwaukee Institute of Art and Design
Golda Meir Library - Wisconsin University, Milwaukee
Hebrew Union College, New York City
Wisconsin University, Milwaukee
2006   LAJSA Latinamerican Jewish Studies –National Library, Buenos Aires
Roundtable on Postmemory - Hemispheric Institute- Encuentro, Buenos Aires
2004   Fundación Internacional Jorge Luis Borges, Buenos Aires
2001   Centro cultural Borges, Asociation Psicoanalítica de Buenos Aires- APA
Museo Nacional de Bellas Artes, Asociacion Psicoanalitica de Buenos Aires-
2000   Asociación Psicoanalítica Argentina -APA

Special Projects / Proyectos Especiales

Books for bibliophiles / Libros de Bibliofilia:
Sefarad, Hombre En Pie Sobre Su Sueño, texts by Santiago Kovadloff
Jewish Highlights, texts by Eliahu Toker
Borges y la Cábala: Senderos del Verbo, texts by Saúl Sosnowski

Monument to the Victims of the Terrorist Attack on the AMIA, Memoria Activa - with Arquitect Andrés Segal, Lavalle Square, Buenos Aires

Tango glass mural-Abasto Plaza Hotel- Buenos Aires

She collaborates in many publications. Recently:
Colabora en muchas publicaciones. Recientemente:

Installations & Experimental Printmaking - Alexia Tala - London 2009
Critical Mass - Printmaking Beyond the Edge - Richard Noyce - Whales 2009
Grapheion 21"Memory of the Future" - Richard Noyce Prague, Czech Republic - 2008

Teaching Activity / Actividad Docente

Mirta Kupferminc directs her private studio in Buenos Aires and performs intense art-teaching activities since 1980. She acts as mentor for professional artists.
Art Advisor for Fundación Huésped-NGO against AIDS
She coordinates training encounters for teachers working in Jewish education: Limud Buenos Aires,2009, 2008 - Colegio Tarbut , 2007 - Badaj Jinuj- AMIA, 2006 – Bamah, 2005-2006.

CORINNE SACCA ABADI

Corinne Sacca-Abadi was General Secretary of the Argentine Association of Art Critics (AACA), member of the International Association of Art Critics and the Psychoanalytic Association of Argentina. Worked as consultant to the Expotrastiendas Art Fair. In 2004 she received the AACA Award for Best Cultural Management for her work as curator of the Espacio Fundación Telefónica.

Corinne Sacca-Abadi fue secretaria general de la Asociación Argentina de Críticos de Arte (AACA), miembro de la Asociación Internacional de Críticos de Arte y de la Asociación Psicoanalítica Argentina. Trabajó como asesora de la Feria Expotrastiendas. En 2004, la AACA le otorgó el premio a la mejor gestión cultural por su labor como curadora del Espacio Fundación Telefónica.

CARLOS BARBARITO

Carlos Barbarito was born in Pergamino, Argentina, in 1955. A poet and essayist, he has published to date fifteen books of poetry and essays on the arts. He earned numerous awards, appears in numerous anthologies and collections and his poetry has been translated into five languages.

Carlos Barbarito nació en Pergamino, Argentina, en 1955. Es poeta y ensayista. Publicó hasta el presente quince libros de poesía y ensayo sobre artes plásticas. Obtuvo numerosos premios, figura en numerosas antologías y recopilaciones y su obra poética fue traducida a cinco idiomas.

PELUSA BORTHWICK

Director of the Arcimboldo Art Gallery and Expotrastienda Art Fair, Buenos Aires, Argentina.

Directora de Galería de Arte Arcimboldo y de Expotrastienda, Feria de Arte en Argentina.

LAURA FEINSILBER

Art critic. Contributing editor for Ámbito Financiero newspaper since 1987.
Contributing editor for Arte al Día Magazine since 2000.
Reviews international biennials: Venice, Sao Paulo, Porto Alegre (Brazil), Kassel.
Juror for national and international art contests.
Chosen in the field of Art Communication (Pettoruti Foundation, 2000).
Professional Life Achievement Award, "International Women's Day", 2000.
Sponsor of the Art Criticism Award "Jorge M. Feinsilber" 1989, 2000, 2003.

Colaboradora permanente como crítica de arte para el diario Ámbito Financiero desde 1987 y desde 2000 para la publicación Arte al Día.
Cubre Bienales internacionales: Venecia, San Pablo, Porto Alegre (Brasil), Kassel.
Es Jurado en concursos de arte nacionales e internacionales.
Elegida en el campo de Arte Comunicación (Fundación Pettoruti, 2000).
Recibió el Premio a la Trayectoria, "Dia Internacional de la Mujer", 2000.
Patrocinadora del Premio Crítica de Arte "Jorge M. Feinsilber" 1989, 2000, 2003.

MANUELA FINGUERET

Manuela Fingueret is an Argentine writer. She has published eighteen books of poetry, novels, stories and essays. Journalist and cultural promoter, she has held various public and private positions, directed several publications and a radio station. Her poems have been translated into several languages and one of her novels into English. Her work appears in various national and international anthologies.

Manuela Fingueret es una escritora argentina. Tiene 18 libros publicados de poemas, novelas, cuentos y ensayos. Gestora cultural y periodista, ejerció cargos públicos y privados. Fué directora de publicaciones y de una radio. Escribe para distintos medios de prensa. Sus poemas han sido traducidos a varios idiomas y una de sus novelas al inglés. Figura en diversas antologías de su país y del exterior.

JAY H. GELLER

Jay Geller, an attorney in Santa Monica, CA, has collected Latin American art for the past twenty years and is a frequent visitor to Argentina. He is a member of the Board of Trustees of the Union for Reform Judaism and the Board of Governors of Hebrew Union College -Jewish Institute of Religion.

Jay Geller es abogado en Santa Mónica, California, ha coleccionado arte latinoamericano durante los últimos veinte años y visita frecuentemente la Argentina. Es miembro del Consejo Asesor de la Unión del Judaísmo Reformista y miembro del Consejo de Gobernadores del Hebrew Union College - Jewish Institute of Religion.

MARIANNE HIRSCH & LEO SPITZER

Marianne Hirsch is William Peterfield Trent Professor of English and Comparative Literature, and Co-Director of the Center for the Critical Analysis of Social Difference, at Columbia University. She is the author of *Family Frames: Photography, Narrative, and Postmemory*, among other books. Leo Spitzer is Kathe Tappe Vernon Professor of History Emeritus at Dartmouth College, and the author of many books, most recently *Hotel Bolivia: A Culture of Memory in a Refuge from Nazism*. They have written books and articles dealing with cultural memory, visuality, and the Holocaust; most recently, they co-authored *Ghosts of Home: The Afterlife of Czernowitz in Jewish Memory* (University of California Press, 2009).

Marianne Hirsch es Profesora de Inglés y Literatura Comparada William Peterfield Trent, y Co-Directora del Centro de Análisis Critico de las Diferencias Sociales, en la Universidad de Columbia. Es autora de *Family Frames: Photography, Narrative, and Postmemory,* entre otros libros. Leo Spitzer es Profesor Emérito de Historia en Dartmouth College y autor de numerosos libros, recientemente *Hotel Bolivia: A Culture of Memory in a Refuge from Nazism*. Han escrito libros y artículos referentes a la memoria cultural, visualidad, y el Holocausto; son recientes co-autores de *Ghosts of Home: The Afterlife of Czernowitz in Jewish Memory* (University of California Press, 2009).

LAURA KRUGER

Curator of the Hebrew Union College-Jewish Institute of Religion Museum, New York and a specialist in contemporary fine art. As the founder and president of the Kruger Gallery, New York (1974-1989), Ms. Kruger featured contemporary artists working in the métier of jewelry. Additionally, Kruger Gallery was the source of museum replica products and functioned as the marketing consultant for museum gift shops. In 1991 she founded *The American Guild of Jewish Art*, a membership organization for professional Jewish artists. In 2004, she served as the co-chair of the CAJM annual conference in New York City. She is the chair of the Art Committee for UJA-Federation, New York. Ms. Kruger serves on the board of several not-for-profit organizations, including the American Craft Museum, Empire State Craft Alliance, Greenwich House Pottery, Elsa Mott Ives Gallery of New York City YWCA, and Elaine Kaufman Cultural Center. She has curated numerous exhibitions of contemporary craft, jewelry, artist books and Judaica.

Curadora del Hebrew Union College-Jewish Institute of Religion Museum, New York, y especialista en arte contemporáneo. Fundadora y Presidenta de Kruger Gallery, presentó artistas joyeros contemporáneos. La Galería Kruger también fue la fuente de réplicas y asesoría de ventas para tiendas de museos. En 1991 fundó *The American Guild of Jewish Art*, una organización de artistas judíos profesionales. En 2004 se desempeñó como Co-Directora del CAJM -Congreso Anual de Museos Judíos; en Nueva York. Es Presidenta de la Federación-UJA, New York. Forma parte de la dirección de varias organizaciones, incluyendo el American Craft Museum, Empire State Craft Alliance, Greenwich House Pottery, Elsa Mott Ives Gallery de la Ciudad de Nueva York YWCA, y el Centro Cultural Elaine Kaufman. Curadora de numerosas exposiciones de artesanía contemporánea, joyería, libros de artista y judaica.

RICHARD NOYCE

Richard Noyce is a writer and artist with wide international experience of contemporary art, who specialises in printmaking. He has published three books, two on Polish art in the 1990s, and more recently, *Printmaking at the Edge* (2006, reprinted 2008). A regular speaker at international conferences, he has lectured in Europe, North America and South Korea, and has served on Print juries in Krakow, Prague, Thessalonica and Wrexham. His next book, *Critical Mass - Printmaking Beyond the Edge*, will be published in late 2010.

Richard Noyce es un escritor y artista de amplia experiencia internacional en arte contemporáneo, especialista en grabado. Ha publicado tres libros, dos sobre arte polaco de los años 90, y más recientemente, *'Printmaking at the Edge'* (2006, re-editado en 2008). Frecuente orador en congresos internacionales, ha dado conferencias en Europa, América del Norte y Corea del Sur, y ha sido miembro del jurado en certámenes de grabado en Cracovia, Praga, Tesalónica y Wrecsam. Su próximo libro, *'Critical Mass - Printmaking Beyond the Edge'*, será publicado a fines de 2010.

JEAN BLOCH ROSENSAFT

Jean Bloch Rosensaft is Senior National Director for Public Affairs and Institutional Planning at Hebrew Union College-Jewish Institute of Religion, and Director of the Hebrew Union College-Jewish Institute of Religion Museum in New York. She is a Founder and Vice-President of the International Network of Children of Jewish Holocaust Survivors and a Regional Vice President of the American Gathering of Jewish Holocaust Survivors and Their Descendants. She serves on the United States Holocaust Memorial Museum's Collections and Acquisitions Committee and Second Generation Advisory Committee, and is a member of the Advisory Board of the Bergen-Belsen Memorial Museum. She is a past officer of the Council of American Jewish Museums and has curated numerous exhibitions exploring Jewish experience and identity, including the photo-documentary exhibition, *Rebirth After the Holocaust: The Bergen-Belsen Displaced Persons Camp, 1945-1950,* which is permanently installed at the Bergen-Belsen Memorial Museum in Germany; *Chagall and the Bible*; and *Justice in Jerusalem Revisited: The Eichmann Trial.*

Jean Bloch Rosensaft es Directora Nacional de Asuntos Públicos y Planificación Institucional en el Hebrew Union College, -Jewish Institute of Religion ,y Directora del Museo del Hebrew Union Collage-Jewish Institute of Religion, en Nueva York. Es Fundadora y Vicepresidenta de la International Network of Children of Jewish Holocaust Survivors y Vicepresidenta Regional del American Gathering of Jewish Holocaust Survivors and Their Descendants. Se desempeña en el Comité de Colecciones y Adquisiciones del Museo del United States Holocaust Memorial   y en la Comisión Asesora para la Segunda Generación. Es miembro de la Junta Asesora del Bergen-Belsen Memorial Museum. Fue funcionaria del Consejo de Museos Judeo-Americanos y ha sido curadora de numerosas exposiciones explorando la experiencia judía y su identidad, incluyendo la exposición foto-documental, *Rebirth After the Holocaust: The Bergen-Belsen Displaced Persons Camp, 1945-1950*, exposición permanentemente en el Bergen-Belsen Memorial Museum en Alemania; *'Chagall y la Biblia'*, y *'Justicia en Jerusalem Revisitada: El Juicio de Eichmann'*.

SAÚL SOSNOWSKI

Saúl Sosnowski (Buenos Aires, 1945), Professor of Latin American Literature and Culture at the University of Maryland, College Park; Director of the Latin American Studies Center (which he founded in 1989) until 2008, and since 2000, the University's Associate Provost for International Affairs. He is the author of Julio Cortázar: una búsqueda mítica, Borges y la Cábala: la búsqueda del Verbo (translated into Portuguese and German), La orilla inminente: escritores judíos-argentinos, of over 80 articles published in journals and collective volumes, and editor or co-editor of over 15 volumes. Sosnowski is the Editor of the literary journal Hispamérica, which he founded in 1972.

Saúl Sosnowski (Buenos Aires, 1945). Profesor de literatura y cultura latinoamericana de la Universidad de Maryland, College Park; dirigió el Centro de Estudios Latinoamericanos, que fundó en 1989, hasta 2008, y desde 2000 es el Vicerrector para Asuntos Internacionales. Es autor de Julio Cortázar: una búsqueda mítica, Borges y la Cábala: la búsqueda del Verbo (traducido al portugués y al alemán), La orilla inminente: escritores judíos-argentinos, de más de 80 artículos publicados en revistas y volúmenes colectivos, y editor o co-editor de más de 15 libros, Sosnowski es el director de la revista de literatura Hispamérica, que fundó en 1972.

GRACIELA TAQUINI

Art Historian and Art History Professor, lives and works in Buenos Aires. Served as international juror and curator of numerous Argentine Video-Art exhibitions throughout Europe and Latin America, and received several grants and awards both at home and abroad. Her videos have received important distinctions including First Prize at Videobrasil. She has been advisor and consultant to many art institutions and state sponsored cultural programs focused on electronic and video art. As writer and director she has produced successful cultural TV specials and is currently chief consultant to the Buenos Aires City TV Network channel. Chosen in 2008 for the X Habana Biennal. Her work forms part of the collections of IVAM (Valencia), Caixa Forum (Barcelona), Catagnino-Macro, Rosario (Argentina). Solo shows at Galerie La Compagnie Marseille, The Chelsea Museum (NY), Lilian Rodriguez Gallery (Montreal).

Historiadora y Profesora de Historia del Arte, vive y trabaja en la Ciudad de Buenos Aires. Se ha desempeñado como miembro del jurado internacional y curadora de numerosas exposiciones de Videoarte Argentino en Europa y América Latina. Ha recibido varias becas y premios nacionales e internacionales. Sus vídeos han recibido distinciones importantes, entre ellos el Primer Premio en Videobrasil. Ha sido asesora de muchas instituciones artísticas y programas culturales estatales centrados en artes electrónicas y video arte. Como escritora y directora ha producido exitosos programas culturales para televisión, y actualmente es consultora principal del canal Red TV de la Ciudad de Buenos Aires. Elegida como artista en 2008 para participar en la X Bienal de La Habana. Sus obras pertenecen a la colección de IVAM (Valencia), la Caixa Forum (Barcelona), Catagnino-Macro, Rosario (Argentina). Solo shows en Galerie La Compagnie Marseille, The Chelsea Museum (NY), Lilian Rodriguez Gallery (Montreal).

ELIAHU TOKER

Poet, author of eight books of poetry, including *Padretierra* (1997, Faja de Honor SADE). Translator of Yiddish literary texts published in several anthologies, including *El resplandor de la palabra judía* (1981, awarded in Mexico). Author of anthologies of Jewish Argentinean writers, such as *Buenos Aires esquina sábado*, anthology of Cesar Tiempo (1997). Author, with Rudy, of several works of humor, such as *Odiar es pertenecer*, y otros chistes para sobrevivir al nazismo, racismo, autoritarismo, antisemitismo" (2003) and research works with Ana E. Weinstein, including *Seis millones de veces uno. El Holocausto* (1999).

Poeta, autor de ocho poemarios, entre ellos *"Padretierra"* (1997, Faja de Honor de la SADE). Traductor de textos literarios del Idish reunidos en varias antologías, entre ellas *"El resplandor de la palabra judía"* (1981, premiada en México). Autor de antologías de escritores judíos argentinos, como *"Buenos Aires esquina sábado"*, antología de César Tiempo (1997). Autor, con Rudy, de varias obras de humor, como *"Odiar es pertenecer, y otros chistes para sobrevivir al nazismo, racismo, autoritarismo, antisemitismo"* (2003) y obras de investigación con Ana E. Weinstein, entre ellas *"Seis millones de veces uno. El Holocausto"* (1999).

My gratitude to:

I want to thank the Museum of the Hebrew Union College-Institute of Religion for inviting me to present this exhibition. Very special thanks to Jean Rosensaft and Laura Kruger who permanently encouraged me with their knowledge and specific guidance.

To Sigmund Balka who, after seeing my work for the first time, enthusiastically suggested me to approach this Museum.

To Jay Geller and Lowell Gallegher, whose constant involvement and support made this catalogue possible, with the valuable help of Alan Belinkoff, Nancy Berman and Alan Bloch, Amy and Bob Heller, Harriet and Gil Rosen and Ginger Jacobs.

To Eliahu Toker, Marianne Hirsch, Leo Spitzer, Saúl Sosnowski, Manuela Fingueret, Laura Feinsilber, Carlos Barbarito, Graciela Taquini and Corinne Sacca Abadi, Richard Noyce, Pelusa Borthwick for their affectionate gaze upon my work and for enriching this publication with their words.

To María Herminia Alonso, for her initial collaboration with the translations.

To Silvio Gitter, for helping me in New York to make this exhibition possible and following step by step the development of this project; also for translating the texts and his loving care in the realization of this catalogue.

To Simon Etbul for his dedication and patience in printing this catalogue.

To María Eugenia Solís for the photos.

To my assistants in Buenos Aires: Cynthia Holodovsky, Adriana Moracci and Andrea Indij, for being with me at each step in the execution of my work.

To the Art Gallery of the University of Maryland, College Park, and its director John Shipman, for their generous help providing materials and transporting my artwork.

Mi gratitud a:

Quiero agradecer al Hebrew Union College-Institute of Religion por invitarme a realizar esta muestra y muy especialmente a Jean Rosensaft y a Laura Kruger, que me alentaron permanentemente y me ayudaron, cada una con su saber y su específica mirada.

A Sigmund Balka, quien al ver por primera vez mi obra me impulsó entusiastamente a que me acercara a este museo.

A Jay Geller y Lowell Gallegher, porque gracias a su compromiso y aliento sostenido se pudo hacer este catálogo.

A Eliahu Toker, Marianne Hirsch, Leo Spitzer, Saúl Sosnowski, Manuela Fingueret, Laura Feinsilber, Carlos Barbarito, Graciela Taquini, Pelusa Borthwick, Richard Noyce y Corinne Sacca Abadi, por su cálida mirada sobre mi obra y por enriquecer esta publicación con sus palabras.

A María Herminia Alonso, por su colaboración inicial en la traducción.

A Silvio Gitter, por auxiliarme aquí en Nueva York para poder llevar adelante esta exhibición, y seguir a cada paso el desarrollo de este proyecto. También por traducir los textos y cuidar tan amorosamente la realización de este catálogo.

A Simón Etbul por su dedicación y paciencia en la impresión de este catálogo.

A María Eugenia Solís, por sus fotos.

A mis asistentes en Buenos Aires: Cynthia Holodovsky, Adriana Moracci y Andrea Indij, por acompañarme en cada instancia en la ejecución de mi obra.

A la Galería de Arte de la Universidad de Maryland, College Park, y a su director John Shipman, por su generosidad al ceder materiales de montaje y trasladar la obra.

A la Galería de Arte de MIAD Milwaukee Institute of Art and Design, y a su director Mark Lawson, por el cuidado de mi obra.

To the Gallery of the MIAD Milwaukee Institute of Art and Design and its director, Mark Lawson, for the care they took of my works.

To Ariela and Felipe Dorregaray Frieder for always receiving and storing my work (and myself) with a warm smile.

Last, and by no means least, I want to thank my parents, Agnes and Aron, who taught me the importance of having a name and to enjoy learning every day.

To my sister Marga, a companion and stimulating interlocutor.

To my friends, who enjoy my achievements and comfort me in my disappointments.

To my extended family, who are always by my side.

My sons Daniel and Tobías, who appear so many times as models in my works and endure my absences (as well as my presence).

And very, very specially, I thank Kurt, my husband, crony and victim of all my efforts and obsessions who, according to my needs, becomes critic, translator, adviser and, above all, my companion at all times.

Thank you! to each and everyone of you, I am so grateful!

A Ariela y Felipe Dorregaray Frieder por siempre recibir y almacenar mis obras (y a mi misma) con una cálida sonrisa.

Y por último, y no menos importante, quiero agradecer a mis padres, Agnes y Aron, quienes me enseñaron la importancia de tener un nombre, y a disfrutar del aprender cada día.

A mi hermana Marga, compañera y estimulante interlocutora.

A mis amigos que disfrutan con mis logros y me consuelan en mis desilusiones.

A mi familia extendida que tanto me apoya.

A mis hijos Daniel y Tobías que aparecen tantas veces en mis obras como modelos y que soportan mis ausencias (y también mis presencias).

Y muy, muy especialmente a Kurt, mi esposo, cómplice y víctima de todos mis esfuerzos y obsesiones; convertido según mi necesidad, en crítico, traductor, consejero, y sobre todo en compañero siempre.

Gracias! a todos y cada uno les estoy tan agradecida!!!

Photo: M.E. Solis

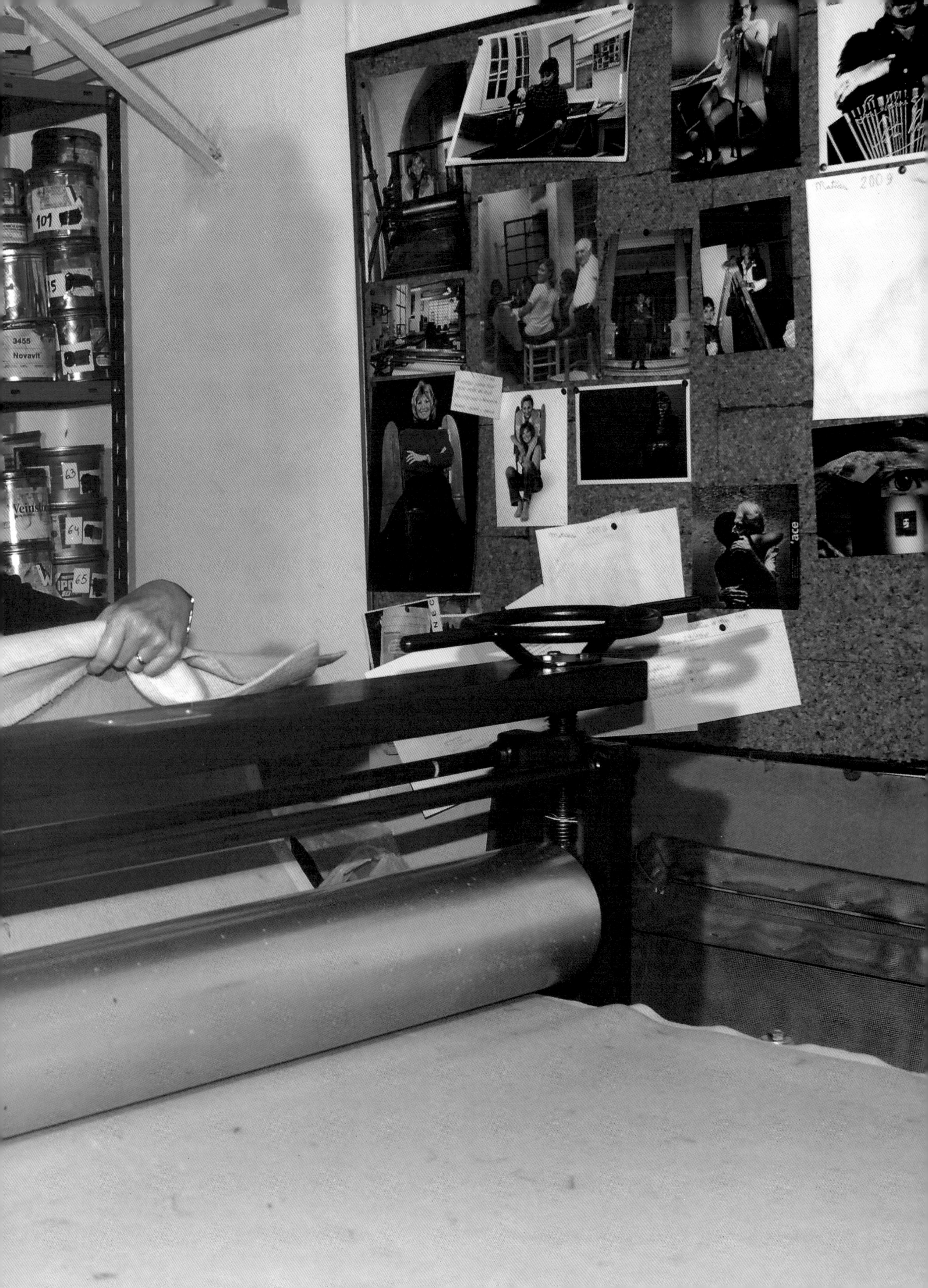